異国に生きる

カニングハム・久子　愛と魂の軌跡

久子・テレーズ・カニングハム

エスコアール

感が突きあがってきた。しみじみと遺灰を送りたかった私の気持ちに、ピーターが又逆らってくれた。〝Don't tell me what to do（口出ししないでくれ）〟とつっぱる癖のあった彼ならやりそうなことだ、などと、悪天候を彼のせいにして、少し腹立たしくもあった。一人、思いにふけっているところへ、露《ロ》可《カ》のママの雅代さんから電話が入り、私の散華する様子を撮影していたら、「ピーターさんの遺灰がふわっと霞《かすみ》のように舞い上がってきれいなオーラが出ていましたよ。普通のお天気だったら見られない光景でした」との言葉が、思わず胸に迫り、拭っても拭っても涙が止まらなくなった。それまで、私は泣くことさえできなかったのだ。死後の後始末に追われて、泣くゆとりのないほど大きなストレスにさらされていたのである。

異人種の男性を夫にして、異文化の中で、「ミニ国連」の結婚生活を営んできた四十二年が、こうして終わった。二〇一一年初頭のことである。

「亡き夫は生れし国に帰りなむ小さき化身の箱にひそみて」
「睦月来て雪吹きすさぶ夜はまた逝きし夫への悼みゆさぶる」
「吾が夫は吹雪の果てに抱かれしや父なる神の深き御胸に」

第一章

生い立ち

になっていることを、私を含めて誰も認知していなかった。そして、私は一度自殺を図ることになる。今思えば、母は私の中に自分と同じ質を見ていたからではなかったのだろうか。あるいはもっと奥深い理由があったのかも知れない。

母は八十三歳で脳梗塞で倒れ、その後、大腸がんを併発して死が間近に迫った時、ひどく怯えていた。にも関わらず、死後の処理に関して「お世話になった方々」へのお礼も含めて、きちんと始末していった母を、私は「明治の女」として見事だったと思う。

「跡取りのあんたに渡すべきものを、他の人たちにも分けたい。あんたの承諾を得てから決めたい。そしてあんたが私の遺書通りに責任を持って分配して欲しい」と、母は亡くなる一年前に私の訪日を待って、相談をかけてきた。父はその十年前に他界しており、母の最期を看取ったのは、母の初婚で生まれていた私より十二歳年上の兄とその妻であった。私の父はこの義理の息子を大変可愛がっており、私と兄は心理的にとても近い関係にあった。しかし、母は法律上の私の立場を尊重して、兄ではなく私に最後の責任を負わせて、西方浄土に旅立っていった。母が私を遺言の執行人に指名したのは、筋を通さねば気のすまない母の、私に対する最後で精一杯の敬意と信頼の表明であったのかもしれない。

母が死因となった大腸がんで入院していた時、私はちょうど日本で講演旅行中だったので、長崎に立ち寄り、母の大腸がんについて手術の有無に関する選択を任された。見舞い中に母が排便をしたいと言い出したので、ベッドそばの便器に座らせたところ、いきなり自分で大便を掻きだそうとしたので、あわてた私はそれをとどめてナースステーションに走ったが誰もいない。目についたゴム手袋をかすめ取ってきて、母を横にさせ、大量の大便を掻きだした。母はもう一週間も便秘に苦しんでいたという。きれい好きで気の強い母が、人間としてもっとも尊厳を傷つけられる状態を私にゆだねなければならなかったあの時を、どう感じていたのだろう。「ああ、楽になった」とため息のようにつぶやいた言葉だけが、私の耳に残っている。あの時、私は「母の娘」としてあの状況に向き合っていたのだと思う。あの私の行為が、母が長年私に対して抱いていた相克的な感情を清算してくれたと信じたい。最後の始末を私に任せると決めた母の選択がその証拠ではなかっただろうか。

母が亡くなる数年前に妹に送っておいた私の長い髪が、母の遺体と一緒に火葬場に送られた。こうして母からもらった私の肉体の一部が母のお供になっていった。母はこのことを知らない。

ピーターに先立たれて、私は母が父亡き後の十年間を、一人でどんなふうに耐えたのだろうと一人の女として思いやることがある。

父の姿

その夜、父は私の目の前に両手を広げて言った。「どうだ、この手をどう思う?」十三歳の私はかしこまって目を据えた。その手は端正な父の顔とは似つかわしくないほどごつごつしていた。それまで特に気をつけて眺めることのなかった父の手だった。その手が私の体に何の記憶も残していなかっただけに、急に見せつけられた十本の指が、父とは別の人格で迫っているように覚えて、私は少しうろたえていた。節々は盛り上がり、爪の形も歪み、人差し指は中指に向けてねじれている。どう見ても美しいとは言い難い。だが、正直な言葉を口にするには忍びなかった。

言葉に詰まって目を挙げると、背後の鴨居の上に斜めにかかっている墨絵の達磨の目が、いつもより恐ろしく見えた。これから長丁場になるぞ……という予感がした。

父は私にとって厳しい人ではあっても、決して恐ろしい存在ではなかった。父が私に向ける目からはいつも陽炎《かげろう》のような笑みが伝わってきて、ゆらゆらと抱かれているような安心感を覚えさせせられたものだ。たまに怒鳴られることはあっても、厳しい躾を与えるときはしっかりと言い聞かせられ、その時は怖いがいつもさらりと終わるので、子ども心にも「道理」は素直に沁み込んだ。行儀作法にうるさくて、食事時には「涙箸」をするな「迷い箸」に気をつけろ、「寄せ箸」などは下司《げす》のすることだなどと注意を受けるので、夕食時に父が部屋に上がる前に作業衣の裾についた藁屑《わらくず》を、手拭いでぱっぱと払っている姿を「形がいい！」（今風に言えば「かっこいい！」）と眺める一方で、ちょっと緊張して待っている子ども時代があった。

教育に力を入れる人だったから、私が幼稚園に上がる前から活字を拾い読みし始めたことが自慢の種であったと、母が語ったことがある。子どもの足で十分もかからない幼稚園に入ってから、私は何度もふらりと家に帰ってきては、裏で茣蓙《ござ》を敷いて一人遊びをしていたという。その度に幼稚園からお迎えがあり、父と母は頭を下げて詫びたが、ある日、園長自らお出ましになって「もうお宅のお嬢ちゃんはあずかりきれんとです。横ば向いたらすぐおらんごとなっとですもん」と最後通牒を宣言されて、父は「うちの娘は幼稚園で退屈しとっとじゃなかとでしょうか？」と、扱い方を考慮してもらうようお願いしたという。そう言えば、雨の日は先生の一人が私につきっきりで絵本を読んでくれた記憶がある。でも、幼稚園の一年は、私にとって子どもがどやどやとうるさくて、トイレに続く踏み板に泥が跳ね上がっていると、足がすくむ場所でしかなかった。幼児期の退屈しやすい性《さが》は八十歳代に入った今も私の中でくすぶっているのはいかんともし難い。

当時の幼稚園の集団写真を見ると、カールした前髪の私だけぽつんと離れて、何ともいぶかしそうな表情でカメラに視線を向けている。成長するにしたがって、私に求められていた「独りに強くあれ」という父の願いは、娘に生来備わっていた「集団」になじめない性格を見通してのものであったのかも知れない。と言って、この娘は「集団」を徹底的に避けるわけでもなく、「集団」の先頭を言いつかれば、ちゃんとその役目を果たした。勝ち気で世話好きな性格だったせいか、中学校時代の男子生徒たちは私を「同士」のように思っていたような気配があった。同窓会では女子たちからも「昔から男勝りやったもんね」と言われることがあり、なんだか申し訳ないような居心地の悪さを覚える。

後年ニューヨークで日本人障害児の親の会（Services to the Parents of Exceptional Asian Children）を自発的に立ち上げて、二十三年間その組織を運営したこともある。だが、どんな時期にも私は「一人」の時間が必要であり、夫も結婚当初からそのことを認めてくれたことが、夫婦として長続きした理由のひとつであると言えよう。

私には国民小学校時代に、軍国主義に振り回された時の嫌悪感が苦々しく残っているせいか、「集団」に引きずられたり埋没したりすることにも生理的な反発感があり、常にその合理性や整合性を考え抜く時間が必要な人間なのである。この理屈っぽいとも思える思考パターンが、実は不合理、不条理きわまりなかった軍国主義時代の教育環境で育まれたことを思えば、あの時代はそれなりに私にとっては肥やしであったとも言える。と言うのも、父の教育方針が基本的には「考える」ことを誘発するような誘いかけを持っていて、私の生まれたままの「反抗心」を手なずけることに成功していたからであろう。

予感通り、長丁場となったその夜の「父の話」が、その後の私の人生に大きな影響をあたえた。歳月が私の上に降り積もっていくにしたがって、あの父の娘に生まれた幸運を思わずにはいられない。その「父の話」とは……。

藩の久保家の二男として生まれた。父の先祖は鹿児島から流れ流れて諫早にたどり着いていたのであろう。私にとって祖父である人が五十八歳の時に生まれたので、五十八と名付けられたという。生んだ人は後妻として二十歳で、かなり年長だった祖父に嫁いできたらしい。この祖母も落ちぶれ武士の娘であり、後妻ではあっても社会的には同格の人物に嫁いだことを幸運とみなされていたようだ。父の後に二人の妹が生まれ、経済的な力のなかった祖父は荒々しくなるばかりで、父が幼少のころは読み書き、剣道などがうまく伝わらないと、縄で巻かれて逆さに吊るされるような折檻をあたえた。父は妹たちの子守りをしながら、読み書きの手ほどきを祖母から教わり、その能力を買われて、九歳になると郵便配達の仕事を得て、家計を助けることになった。郵便袋は子どもの肩に食い込み、冬の山道は険しく、霜柱が藁草履《わらぞうり》の下でじゃりじゃりと音を立てた。

「美貌も教養もある武家の娘たちが、家族を助けるために、他人には言えない苦界に身を落としていくのを見るのは、子ども心にも辛いものがあった。お前は嫁にいけばそれで万々歳と思うだろうが、手に職のない女が夫に先立たれたら、その日から乞食だぞ。男を当てにしてはいかん。今度の戦争で、国でさえも当てにならん事が分ったろうが」

「苦界」の意味を私は既に知っていた。

その頃日本は預金封鎖中で、一ヵ月に五百円しか引き出せず、十分な食料も買えなかった。強制的に買わされた国債は敗戦で紙屑になり、新円交換で預貯金の対価は暴落していた。正に明治維新時代の

「身売り」にも似た境遇が、貧しい家庭の若い女性たちの中にちらほらと起きていた。（あ、ほんとだ！）父の話はすとんと私の胸の奥に落ちた。戦争が始まったのは、私が国民小学校に上がった年であり、終戦を五年生の夏休み中に迎えた。夫や息子たちを失った日本の女性たちの苦労は筆舌にしがたいものがあり、明治維新の余波をくぐった父にしてみれば、又もや子ども時代の悲劇を見ているような思いがあったに違いない。（分かった）と思った。それは、この父の中に生きている辛い歴史が、ずっしりと私の手の中に引き渡された瞬間であった。

語り終えた後、少しいたずらっぽい表情で言った。「それで、お前を芸者に売りたくても顔が良くない。芸事も下手じゃ。ただ、頭はいい。お前の頭は誰も盗むことはできん。だから、その頭を磨いて自立せにゃいかん。女の自立は精神だけでは足りんぞ。経済力も備わらねば本当の自立はできん。そのために〝くヲーとうぐワくもん（高等学問）〟を身につけさせる。一粒の米を四つに割ってでもな」当時、私の家族は四人暮らしだった。父は科学を「かぐワく、」化学を「くワぐワく」と発音し、日本語の子音が「アイウエオ」の五つの母音に収斂《しゅうれん》してしまう以前の音素を使っていた。金田一博士（一八八二―一九七二）によれば日本語はかつて、もっと豊かな音素で構成されていたという。もしその音素が現在も使われていたら、日本人の外国語発音習得の苦労は少なかったかもしれない。

最後の「一粒の米を四つに割ってでも」という言葉が、芝居がかっていると軽い揶揄《やゆ》を覚えながらも、この言葉に父の無条件の愛と期待がこめられていることを、痛いほど感じさせられた。（父を大切

にしよう）と思った。第一、この働き者の父がいなければ、誰が〝くヲーとうぐワくもん〟に必要なお金をだしてくれる⁉

お辞儀をして立ち上がった私に「お静かに」と父が声をかけた。ちなみに父は来客が辞する際「お静かに」と挨拶するのが常であった。後年、その言葉が宮廷で使われている「お静かにお御《み》渡り」であることを、太平洋を渡る飛行機の中で観た下田歌子と明治天皇とのロマンスを描いた映画の中で、偶然知ることになる。

その夜、私は幸せな眠りをむさぼった。

父の背は高い方ではなかったが、筋骨の発達した逆三角形の体格だった。幼少から剣道や柔道の心得を教わったばかりでなく、青年期に入ると百姓、漁師、大工などの様々な職業で力仕事を通して作られた体であった。やがて村田屋という畳屋に弟子入りし、数年後暖簾《のれん》分けをしてもらい、私が物心ついた頃は住居と作業所が続いた家に住んでおり、場所は福江のお城へ徒歩で十分という距離にあった。

五島城は明治の築城禁止令にはばまれていなかったら、日本唯一の海城になるはずであった。数年前までは、福江の港が近付くと磯の波がたわむれる裾を根に、堂々と威を張っている壮大な石垣が見えて、（郷里だ！）という感慨に胸がときめいたものである。今では、その足元が埋め立てられて家が立ち並んでいる。二〇〇四年、ほぼ十年ぶりに福江を訪れたとき、この風景に言いようのない失望感を味わった。現在、本丸が建つはずであった場所には高校がある。殿様の御殿は外門を入った左側にあり、そこに住んでおられた最後の五島盛輝《ごとうもりてる》子爵は父と年齢が近かった。御殿の畳は父が請け負っており、弟子たちと働きながら、五島子爵と共通の話題に興じたことを、折々に漏らしていた。

その御縁で私も御殿を訪ねることがあり、琉球王の五番目の御姫様であった英子奥方様に遊んで頂いたこともあった。御殿にお届け物をする日、母が重箱に詰めたものを私に持たせ、ご挨拶の言葉を呪文のように覚えさせられた。「ごめんください」から始まり、奥女中が玄関に出てこられたら「久保のお使いです。珍しくないものですが、お上と奥方様の御気に召しますように」と言って、重箱を式台の上に乗せた後、その上にかけてある袱紗《ふくさ》についた久保家の花沢瀉《はなおもだか》の家紋が相手にとって正面になるように、重箱の向きを変えてからお辞儀をする、という一連の作法も練習させられた。お辞儀の仕方も、肘を軽く挙げて両手を臍《へそ》の下くらいに重ねて、ゆっくりと上半身を曲げ、一呼吸ついてから、伏し目で頭を上げていく動作を、母は「上《うえ》つ方《がた》（高貴な方々）のように」と口うるさく言いながら練習させた。小学校低学年の私にはこれが何とも苦手だったが、胸の中で「一、二、三、四、五……」と数えながら、タイミングを計ったものだ。

厳しい躾を受けていたおかげで、いつもとどこおりなくお目見えができる私に、父はかなり満足していたらしい。不思議なことにこの経験は妹にはなく、私にだけあたえられていた特権のようなものだった。どこでも誰にも物おじしないことを、長女の私には躾ておきたかったのであろう。思えば、昔の家には「家長」を特訓する意識が強かった。

私が何かにひるむ様子を見せると、父は「世が世なら家督相続の責任がある」と、つぶやくように言ったことも三度ならずあった。ただ、あの頃の私は格式ばった言葉づかいと作法をご披露するのが楽しかっただけのことである。たかだか、畳屋の娘ではないか。別人格を立派に演じて見せる度に褒められて、現実の私と「かしこまった私」とのギャップを面白く感じていたことを、私は誰にも告げたことはなかった。と言うのも、前述したように御殿に伺うことを話のタネにすることを禁じられていたからである。

それかあらぬか、盛輝公はよくふらりと立ち寄って父と歓談することもあり、そんな時は子どもの私と妹は遠ざけられた。しかし狭い家のことだから、二人の声は聞こえてくる。今だからもう話していいと思うが、ある日、盛輝公が昭和天皇が皇太子であられた頃に、ご学友の一人として皇太子と相撲を取った時、「負けてやれと侍従がうるさいので、負けてやった」と話しているのをふすま越しに聞いて、(おー!)と声をあげそうになった。当時の天皇は「現人神《あらひとがみ》」であり、玉顔《ぎょくがん》を直視すると目が潰《つぶ》れるとさえ、子どもたちに刷り込まれていた時代だったからである。校門を入ると天皇、皇后陛下の御影《ぎょえい》が奉られている奉安殿があり、登校、下校の際はその奉安殿に一礼するのが、当時の慣習であった。天皇の子ども時代に「相撲で負けてやった!」私にとって想像もできない話であった。

そのお殿様が、長崎の病院に入院中に原爆で亡くなった。その後跡継ぎがいなかったので、英子奥方が立ち寄られて、「せめて、どこかにお上の落《おと》し胤《だね》がいてくれればいいのに」と嘆いた。その夜「お父さん、『オトシダネ』って何？」と尋ねると、「大きゅうなったら分かる」とかわされてしまった。勿論「大きゅうなる」まで待つような子どもではない。すぐに同義語の「御落胤《ごらくいん》」も発見して、父に報告したことは言うまでもない。その時の父はちょっと苦笑しただけだった。こうして私の「耳年増」が加速化していくのである。

ある日、近所の子どもたちが誘いに来た。少し離れた町内の棟上《むね》げに行こうと言う。棟上げには必ずお祝いの餅撒《ま》きがあった。遊び場は道路や畑や運動場しかなかった当時、「餅撒き」は子どもたちにとってはなかなかエキサイティングなイベントであった。その道すがら、父が畳替えをしている家の前を通りかかった。声をかけると、どこに行くのかと問われ、餅撒きだと答えると、私たちについてきた。もう人だかりで子どもが潜れるような余地もない。やがて、法被《はっぴ》姿で鉢巻をおでこに熨斗《のし》結びにした頭領が、屋根の棟木にまたがって勢いよく餅を撒きはじめた。大人たちが飛び上がったり、下に落ちた餅を素早く拾ったりする騒ぎの中に、餅は次々に落ちてくるが、私には一つも拾えない。突然、父が叫びだした。「ここに子どものおっけん、こっちに投げてっ」 その声は興奮の渦に沈んで遥かかなたの頭領をして金儲けもできる」と言う。近所に住んでいた裁判官の家で『六法全書』の数冊を見せてもらって、「お父さん、あれは難しすぎる。第一、無味乾燥で面白うない」と訴えると、『文学界』（一八九三―一八九八）というそれこそ中学生には難しい月刊誌を示しながら「そんなら小説家になったらどうだ。林芙美子も吉屋信子も不細工な顔だが、ちゃんと小説を書いて人を喜ばせて金儲けもしとる」天賦と顔は関係ないと思ったが、父はあくまでも真面目であったのだ。二人の女性作家の顔について言及したのは、「美女」とは程遠い私を激励するつもりであったのだろうと思う。父のことだから、あの世でお二人に出会って、失言を律儀にお詫びしているかもしれない。

父が強調していた職業の基本「他人のためになること」、に本当に気付いたのはニューヨークで障害児関連の仕事を始めてのことだから、この娘は実に血のめぐりが悪い。金儲けもできないまま、後期高齢に入ってしまった。

大学で英文学を専攻するという私の希望を、父は「これからは、英語を知らんといかん。よかろう」とあっさり受け入れてくれた。京都の同志社女子大学に入学して、いよいよ「くヲーとうぐワくもん」の道に進む娘に、父の餞《はなむけ》の言葉は「知識だけが人ば作るとじゃなかぞ。情けがなからんばいかんと」であった。この餞は、その後人間関係の中で起きる残酷な感情から、私を正気に引き戻してくれる強力な磁石となった。明治の義務教育しか受けていなかった父が、苦労の中で身につけた処世訓であったのだろう。その父が亡くなったのは、私が四十二歳になった年の八月であった。享年八十三歳。脳内出血のために一晩で逝った。風呂からあがって気分が悪いと早寝し、容体が急変すると間もなく母と母の末の妹に看取られて息を引き取った。急死を伝えてきた母が電話口で言った。「風呂場の流しに、いつものように褌《ふんどし》を下洗いして置いてあったよ。最後まできれいにして……」 百二十五歳は達成できなかったが、宣言していた通りの終幕だった。

母の葬式の時のように、私は父の葬式にも行かなかった。永別の確認を避けることで、父がまだ生きている「錯覚」を胸に、異国で生き延びる「よすが」にしたかったからである。だから、私は今も父と二人の心の旅を続けている。自分と他人との間を縫う糸として……。

父が親戚に言っているのが聞こえた。

それから数十年後、母からニューヨークに電話が入った。入院していた父が勝手に退院して院長先生も困っておられるので、病院に戻るように父を説得して欲しいということだった。勝手な退院の理由とは、同室の患者さんの無知に耐えられないという、穏やかならざる状況であった。無知呼ばわりの原因は、私のアメリカ便りにあった。ノースカロライナからサウスカロライナへ続くハイウェイを、ただひたすらにドライブした経験を書いた手紙を、同室の患者さんに見せて「アメリカという国は本当に広うて、曲がらない途方もない道が何里もある」と父が言ったところ、その患者さんに「曲がらん道のある筈はなか」と一蹴《いっしゅう》されたのが発端だったらしい。「うちの娘は嘘を言わん」と口論になり、「あげん無知な人間と一緒に居りとうない」と、誰の説得にも耳を貸さなかった、というのが真相だった。ハイウェイを父なりに凄いと感動したうえでの「自慢話」が、とんだことになったものである。確かに「曲がらん道はなか」は正論である。自分も見てみたい愛娘のアメリカに寄せる夢と想像が、娘の文面を膨らませてしまったのであろう。苦笑しながら、娘に寄せる信頼を他人に侵させまいとする父の一途さに、私は思わず涙ぐんでしまった。

「お父さん、日本では考えられないほど、アメリカのハイウェイは本当にまっすぐです。それはそれとして、病気の治療は大切だから、別の部屋に移動させてもらってはいかが？」

父は素直に病院に戻った。ちぐはぐな知識を自分なりにつなぎ合わせようとしてきた父を、本当に人間的な人として楽しむゆとりがこの娘に生まれていたことを、父はあの時感じていたであろうか。

母の実家は先祖代々浄土真宗の檀家だったので、私と妹はお寺の日曜学校に行って、お釈迦様の物語や、親鸞聖人の教え「教行信証」の聞きかじりをし、意味も分からないまま御経を読むこともした。親鸞聖人の御正忌《ごしょうき》中はお寺に日参することが、実家の村人たちの生活の一部であった。母は伝統を守ることで自分の立場を作っている人だったから、御正忌中の行事をきちんと守らない父に、いささか不満だったようだ。信者たちがお寺に詰めて近所がからっぽになっているというのに、父が家で本を読んでいることが我慢できなかったらしく、夕食の後、その夜「御勤め」に行く、行かないをめぐって父と母の間で猛烈な攻防戦が始まった

母の「御先祖様や熱心な御近所に申し訳ない」という説法に、父は「お寺の石段がすり減るほどお参りしている信者に悪行の多い人物がいる。私は心の中で真摯《しんし》な祈りを捧げている。それが本当の信仰というものだ」と切り返すと、「だから行かないというのは拗《す》ね者の理屈」と母の応答は厳しい。根負けした父が「そんなら行く」と着物を着替えて出てきた。その父の姿に母がいきり立ち「いくら何でも紋付、袴まで着る必要はなかでしょう」と抗議した。「御正忌じゃ。厳粛なお通夜じゃろが」むっとした父が仁王立ちして動かない。「紋付羽織だけでよかとに。袴は大げさすぎる。ひょろきん（おっちょこちょい）のごたっ」と、母は一歩も引く様子ではない。また延々と口論が続き、固唾《かたず》をのんで見守っていた子どもの私も、ついに一言口を挟まずにはいられなくなった。父の原理にも母の論理にも一理ある

父の条理

両親が、がんがん口論しているのを聞くのはちょっと辛いものがあった。母が「学校の先生には絶対服従」を私たち姉妹に求める一方で、父は神話を歴史として教えることは愚挙だと批判する側なので、二人が教育をめぐって折れ合いのつかない口論を目撃する私にしてみれば、軍配をどちらに挙げようもなく、（大人は分からん）とつくづく嘆く気分になったものである。

母は口論の後で「お父さんの言うたことば、外で話したらいかん。憲兵に引っ張っていかれるかもしれんけん」と、私たちに言い含めるのだった。盛輝公や英子奥方との私的な交流も含めて、「秘密」を守るという訓練がこの時から始まっていたのだ。第一、「泣く子も黙る」憲兵は実に恐ろしい存在だったから、この「脅し」は効果があった。この時代には子どもも口にしてはいけないことが山ほどあった。

後年ニューヨーク医科大学付属研究所で勤務するようになって、〃Code of Ethics（守秘義務）〃に署名した時、あれはこの日のためでもあったなと、改めて思ったのだった。

そんなある日、私は両親の対立する方針をテストするような事件を起こしてしまった。事の顛末《てんまつ》は近所の悦ちゃんにあった。悦ちゃんは近所の旅館を経営している夫婦の孫で、少し知的発達障害があった。いつも遊び仲間に入れていたので、私にとっての悦ちゃんはただのおとなしい女の子でしかなかったが、他の子どもたちからは除《の》け者にされることがあった。その悦ちゃんが四年生のクラスで私と一緒になった。ところが担当の四十歳代の女教師がヒステリックな人で、いつも竹の鞭《むち》を手に生徒たちの机の間を歩き、難癖をつけてはその鞭で生徒の頭や手を叩くので、動作ののろい悦ちゃんは「この馬鹿」とののしられながら、よく叩かれていた。もっとも一番叩かれるのは、この私である。級長は「連帯責任」を取らされて不条理にも「鞭打ちの刑」にさらされていたのだから。この先生はよく先走りする私を嫌っているような印象があった。その印象は席替えと称して、悦ちゃんを私の隣に配したことで強くなった。これで、悦ちゃんを叩いてわざわざ私の所へやってきて鞭を振るう手間が省ける。普段から悦ちゃんに同情していたので、私には彼女の机が私の隣に来た事を嫌う気持ちはまったくなかった。

冬、暖房などという贅沢《ぜいたく》なものは入っていない教室で、私たち子どもは、ひびやあかぎれのある手足をこすりながら授業を受けていた。昼食の時間に、冷え切った弁当箱のふたに注いでもらう、熱いお茶が待ち遠しかったものだ。ただ、悦ちゃんだけは旅館の女中さんが昼時前に持ってきてくれる温かい弁当に恵まれていた。あろうことか悦ちゃんは、その弁当を足の下に置いて暖を取っていたのだ。ある日、先生がそれに気づいて「この馬鹿っ！　弁当を足の下に置いたりしてっ」と鞭を振り上げた。とっさに、私は落ちてくる鞭をその手から抜き取って後ろへ放り投げたのである。その時、先生がどんな表情をしていたか思い出せない。覚えているのは、校長室につれて行かれ、小使いさんが父を呼びに行っている間、校長先生が私に背を向けて窓の外を眺めていたことである。父が足早に入ってきて、校長先生と密談めいたことをしている間、私は両親からどんな叱責を受けるかが心配でならなかった。校長先生との話が終わると父は、「帰ろう」と私を促した。目尻が「仕方のない奴」と語りかけていた。

父の後ろをとぼとぼと歩きながら、この始末がどんなことになるのか不安で、ともすれば足が重くなる。ふと父が立ち止まり、振り向いて言った。「お前がしたことは正しか。弱か人間は守ってやらんばいかんけん」 ほっとする一方で、そんな大層な考え方で起こした行為ではなく、いつも叩かれていることに対する我慢が限界に達していただけと伝えたかったが、父の期待を裏切るようで言えなかった。

その夜、母は何も言わなかった。意外だった。後年、母が言った。「久子は気が強い分、よう我慢する。その我慢が切れた状況や良し。切れどころを知っとる。何も言うな」と、父に釘を刺されたのだそうだ。「私もお父さんの言う通りと思った」とも言い加えた。その後、母が父の私に対する教育方針に異を立てることはなかった。

「弱い者は守れ」 何と単純で力強い言葉であることか!

このエピソードは、その後悦ちゃんが以前にもまして私の後にくっついてまわり、温かい弁当のお裾分けまでしてくれるという「人並み」の謝意があることを知る機会を生んでくれた。

原理を尊ぶ父と、世俗との折り合いを求める母の二人が、私の思い切った「反逆」を原理の範囲で容認してくれたことは、事の次第には私の思い以外に、複数の思惑や考えが絡んでくることを考えさせられる、いい機会となったことは言うまでもない。

心理学者たちは、男児が男性として育つには、確固とした父親かそんな父親代わりの存在が、少なくとも十七、八歳まで必要だと主張している。アメリカの多くの調査によれば、離婚家庭の場合、女児よりも男児にトラブルが多いことが明らかにされている。男児を育てることの困難さは昔から言い継がれていることで、現代風に「男子の遺伝子構造の脆弱さ」を云々するつもりはないが、男児を男性に育て上げるには、男児が四、五歳頃になったら、母親のエプロンの囲いから引き出しておくことが肝要であろう。

私の祖父は、困窮した生活の中で「落ちぶれ侍階級」のフラストレーションからか、児童虐待にも等しいことをしていたにも関わらず、どうやって父が「情け」を養い、「弱いものを守る」ことを理想とし、「理」を通す勇気を娘に説くような「いっこく（頑固）さ」を培ってきたのか、また、時折の憎めない「おっちょこちょい」ぶりがどこから来たものなのか、今となっては知る由もない。

言わずもがな、娘の成長や成熟にも父親との健常な関わりが必要である。父親の、娘との関わり方が彼女の異性との関わり方に影響をもたらすからである。私は英国生まれのピーターとニューヨークで出会って結婚したが、彼の他界を機に、何故彼を生涯の伴侶に選んだのか、内省と過ぎた道程を歩きなおす作業の中で、父から受けた影響の根深さを実感し、一部納得するとともに、どうしようもなく湧いてくる切なさに包まれてしまうのである。

また、独立精神やキャリア志向を育ませるためには、母親の生き方そのものもさることながら、父親の人生観が大いにものをいう。一九七八年七月、アメリカで出版された『The Managerial Women（管理職の女性たち)』には、七〇年代に大企業の中で管理職についていた一二〇〇人(男性管理職のたった二、五パーセントに当たる)の育った家庭背景が解明されている。この著書の内容はハーバード大学で、マーガレット・ヘニングとアン・ジャーディムが提出した博士論文を、更に充実させた画期的な調査報告として、当時大きな注目を浴びた。今でこそ、大企業の組織で課長、部長、専務、副社長、社長として上り詰める女性がいても、さほど驚かない時代になっているが、六〇年、七〇年代は男性陣に昇進を阻まれていた。すぐそこに昇格する階段が見えているのに登れないことを象徴して、「ガラスの天井」という言葉が生まれ、挑戦的なアジア系女性の間では「竹の天井」という言葉が使われていた。

ヘニングとジャーディムはその天井を突き破った女性たちの生育環境に、共通点の幾つかを発見している。その共通点は「中産階級の白人」「教育熱心」「家族内のコミュニケーションの豊かさ」などがある。中でも私の眼を引いた共通点は、この女性たちのほとんどが「長女で父親っ子」であったという項目である。つまり、父親が娘を男の論理で動く社会に誘導していたことが、大企業での成功につながったということなのである。長女を息子のようにスポーツの鑑賞や競技に巻き込み、男子社会の決まりごとに接触させていたことが、その長女の男性相手との交渉力を育てていたのだという分析に、私は(納得!)という思いを強くした。

それは、私も長女で父親っ子であったことや、世が世なら例え貧乏藩士の娘であっても、武士の娘という気迫のこもった厳しい躾や「説得してみい」という近代的なディベート(討論)の構え、「情け」

と「高等学問」を合わせた人間作り、「原理」と「妥協」の融合点を探る聡明さを、素朴に日々の生活の中で鍛えてくれた父を思い起こさせるに十分な論文であった。荒くれ牛を手なづけたように、生来の短気で激しい私の性格を、父はよくぞ矯めてくれたものだ。両親のどちらからも遺伝した特性だから、産んだ親がちゃんと人間社会で機能できるように育てるのは当たり前と、両親ともに自覚していたようでもある。

私が二十五歳の誕生日を一ヵ月後に控えた春、外人観光バスの通訳ガイドとして添乗していたバスの事故で、左下腿切断という災難に出会った時、父は裏庭で大声をあげて「男泣き」したと母から聞かされた。その九年後、私は渡米留学することになったが、父は「行ってこい。お前の行動が、日本の女性すべての評価につながることを十分にわきまえて、市民外交官として振舞うんだぞ」と、あっさりしていたものの、寂しげだった。

渡米四年後、修士免状を携え、夫のピーターを伴って五島に里帰りした時の父の喜びようは、もはや厳格な父というより、子に負われる幸せを浮かべる老爺の風情であった。日本語の分からない夫と英語は「ハロー」しか知らなかった父とが、妙に気が合って二人で笑いあっている様子に、前世からの約束のようなものを感じさせられた。父はまるで秘密を漏らすかのように私に囁《ささや》いた「ピーターさんは〝英国のさむらい〟ばい」と。(「さむらい」ではなく、「無謀なだけ」) と私は胸の内でつぶやいていた。何故って、ハリウッド映画が描く日本女性とはまったく反対の女とも知らずに、彼は、この私にプロポーズしたのだから。

父の死後、私の胸の中でいつも脈打っている言葉がある。それは父の存命中に言いそびれた悔いと、（父に育てられた）という実感とがあいまって、強く根を張ってきた。そして起床後と就寝前の祈りの中で、私はその言葉を口にするようになっている。黄泉《よみ》の国で再会したら、その時こそ、父の不格好な手を取って告げよう。

「お父さんの娘に生まれて良かった。ありがとう」と。

第二章

青春の旅立ち

大学入学

二〇〇六年一〇月二五日、人身事故のために大幅に遅れた新幹線に乗車していた私は、京都に向かっていた。母校同志社女子大学の創立百三十周年記念講演を依頼されていたのだ。ようやく京都府京田辺のキャンパスに滑り込んだのは、公演開始十分前であった。

同志社女子大学初代塾長新島八重は、ＮＨＫの連続ドラマで知名度の上がった会津藩の武士の娘である。会津藩は薩摩藩に対して長い怨恨の歴史があった。その薩摩藩の子孫である私が創立記念講演の栄を受けたことを、父が生きていたら何と言ったであろうか。私は今も、武士道とキリスト教を八重女史はどんなふうに自分の中に融合させていったのだろうと、想うことがある。女史の生き方にその結晶は見られるが、融合の心理的プロセスをうかがい知る資料に出会ったことはない。その日私は、その点について言及するつもりだった。会場を見渡した時、ふと右足下に御所の玉砂利を踏む感触を覚えた。それは、その時から五十三年前、同志社女子大学に入学してプリンプトン寮で目覚めた最初の朝、高ぶるような思いと共に向かった御所で刻まれた感覚だった。そして、その時つぶやいた言葉を思い出した。

「お父さん、私、頑張るからね」

五島福江島から船と汽車を乗り継ぎ、足掛け三日間かけてたどり着いた三月末の京都は、底冷えのする街であった。寮での第一夜が明けて真っ先に御所に入り、白々と広がる玉砂利を踏みしめながら、私の新しい「高等学問」生活の一ページが開かれることに、たとえようもない緊張感と興奮を覚えていた。あの緊張感はその後に起きる様々な出来事への身構えであったのかも知れない。

私は長崎市の活水《かっすい》女子高校から推薦で同志社女子大学の英文学科（当時はもっと長いコース名だった）に入学したので、入試を受けていない。約二百人の英文科新入生はプレースメント・テストを受けて、クラス分けが決められた。私の成績は十一番目だった。十番以内に入っていなかったことが悔しくて、十番以内に入っていた同級生たち数人にどんな勉強をしたのか聞いて回り、行き着いた結論は「都会の昼寝、田舎の猛勉強」だった。今の若い人たちの想像をはるかに超えて、情報網がせまかった時代なので、田舎の大学志望生は悪戦苦闘していたのである。都会に生まれていたら、昼寝をしていても入試の準備ができていたのだと実感したことで、では、これから、その恩恵を京都という都会で十分に活用しようと気持ちをふるいたたせることができた。

あれから、様々な出来事が起きた。

るという感じが少しずつ変化して素直に心に響くようになったのは、親鸞の教えに重なる部分があったからだ。宗教研究家たちによれば、親鸞の『歎異抄《たんにしょう》』に書かれていることは、それ以前にすでに『新約聖書』に記述されていたことが紹介されている。だから、お寺で居眠りしながら聞いていたお説教や、日々の生活の中で呼吸をするように作られていた仏教的土壌に、「バイブル・クラス」の内容が無理なくしみこんでいったものと思われる。私の中に深く沈澱している「慈愛」の紐に引かれるように、組合協会派の洗礼を受けたのは、大学三年生のクリスマスであった。このことが母を激怒させ、母にとって私は理解を越えたゴーイング・マイ・ウェイの娘という存在になってしまった。母は死後も仏の世界で家族は一緒という信念で生きていた人だったのだ。

同志社女子大ではあの当時、地方から入学した新入生は、一年間の寮生活をすることが義務化されていた。部屋割りごとに「ママさん」と呼ばれる上級生がおり、新入生は「ベイビーさん」と呼ばれていた。私は二年間寮生活をしたことになる。その間に、ＥＳＳ（English Speaking Society）のキャプテンに指名されて、同志社大学、京都大学、立命館大学のキャプテンたちとの交流が始まっていた。定期的な会合とは別に、京都大学のキャプテンが森永の「チョイス」というクッキーを持って、しばしば私の寮に訪れるようになった。私はその度に（えっ？　この前の会合でし残した話があったかしら？）と思うだけだった。

卒業して数十年も過ぎてから、寮で同室だった一年上の先輩に再会した時「ちゃーちゃん（と私は呼ばれていた)、あなたは気づいていなかったでしょう？　私たちは彼を『チョイスの君』って呼んでいたのよ。そしてね、あの鈍感な五島列島が何もわかっていないって、あのクッキーをみんなで食べながら、笑っていたんだわ。いつもクッキーを分けてくれたわね」と言われたが時すでに遅し。私は耳年増だったくせに、奥手だったのだ。あの方は今頃どこでどうしておられるのだろう。

この先輩は松竹撮影所に時折エキストラで通っていた。時にはボーイフレンドと会っていて、門限が過ぎてから帰ってくる日は、私に内側から塀の閂《かんぬき》を抜かせて、彼女をこっそりと中へ入れる仕事を持たせていた。男子禁制の寮だったので、男性は父親や男兄弟もHouse Mother（寮母）の部屋でしか会うことができず、彼女のような大胆な先輩が数人いたことが、私にとっては珍しくもあり、面白くもあった。禁止項目が多かった時代、ルール破りに加担するのは、譬《たと》えようもない怖さとスリルがあったものだ。

牧師館で男子学生たちとの交流が増えた。その中にちょっとハンサムな背の高い一人の神学生がいた。在学中に私たちは婚約を取り交わしたが、一年後私から破約を申し出た。どうしても許せないと思う出来事が重なったからであり、縁を断ち切ることが両方のためと確信したからであった。婚約者にしてみれば意外な展開だったらしく、後味の悪い終わり方になったしまった。教会で神の前で誓ったことを自ら破ったことへの苦味が、その後、私の異性との人間関係作りのブレーキになった。自分自身の弱さや、卑怯さや、愛することの難しさなどに向き合いたくない自分と対峙《たいじ》しながら、自分のことは自分

卒業、そして就職

梅の香りがどこからともなく運ばれてくるようになった頃、女子大の掲示板に卒業生たちのための「就職募集」が貼り出されるようになった。私は既に小学校教師免状を取得していたが、漠然と京都に残って別の仕事に就きたいと思っていた。そうしたある日、目についたのが京都市内のある観光バス会社の「英語の通訳ガイド」募集だった。募集人員二人で、初任給一万二千円。同会社の京大出身者の初任給が九千八百五十円だったから、ガイドの方が二千百五十円も高い。破格の初任給だった。あの頃、その差は大きかった。飛びついた。これで、父が言い続けた「経済的自立」の第一歩を踏み出せる。当時、女性の職場は限られていた。この職業は英語を生かせることも魅力だった。

面接には三人の女子大生が応募し、私ともう一人が就職決定したが、彼女は三ヵ月後に退職したので、結局私一人で昼のコースと夜のコースをこなさなければならなくなる、というハードな生活に直面することになった。ガイドは車の中で立ちっぱなしで喋り続ける。下車して訪れる先まで歩きながら、また、しゃべる。乗客を迷子にしないように始終気を配らねばならない。しかも、一日の終わりに使った観光バスの車内掃除と窓ガラスのクリーニングもしなければならない。大学卒業の資格を持つガイドへの反感を持つ男性運転手から不当な扱いを受けることもある。スピードを落として欲しい箇所でリクエストを無視されることもしばしばだった。同僚がさっさと辞めた原因はこうしたことにあった。彼女は言った「大学卒業してんのに、なんで車の掃除までせんならんの？　それに運転手に意地悪されてまで、うち、ようせえへん」

私はうなずきながら、（本当にそうなんだけど、しばらく頑張ってみる）と胸の内でつぶやいた。一方で、人はそれぞれに違っていて当たり前と半ば割り切っていた。

就職と同時に、牧師館を出て烏丸通りの四条近くの家に下宿することになった。午前、午後、そして夜の「祇園コース」を終えて帰宅すると、さすがに若い体が泥のように疲労した。時にはろくに食事をする時間もなく、夜、電車を降りて下宿先へ足をひきずるようにして帰る道すがら、閉店間際の肉屋の窓にぶら下がっているトリに目をやって（ああ、お腹すいた！）。その夜、「ケッコ、ケッコー」と鳴きながら逃げ回るニワトリを夢中で捕まえようとしている夢をみた。破格的な初任給ではあったが、その給料では肉なんてオーストラリアから輸入された安くて油っこいマトンしか口にすることはできなかったのだ。今でもあの夢を思い出すたびに笑いがこみ上げる。

就職四ヵ月後、部長が声をかけてきた。「大丈夫か？」私の体重はすでに五キロも落ちていた。私ひとりに負わされている責任を、石にかじりついてでもやり通すしかない心境に追い立てられながら、一年も過ぎると上司との話し合いで、一日に三コースとする日を調整してもらうこともできた。毎回違う国の人たちと会える楽しみや、観光コースによっては学ぶ喜びも多かったことが、仕事にまつわる不満や苦労をおぎなってくれた。

左下腿切断

七十四針の接合手術は二時間余りかかった。しかし、手術後の経過は楽観できないということであった。医者は身内の者に連絡するよう勧めてくれた。早速、長崎にいる兄に電報を打って貰った。両親が受けるショックを少しでも兄が和らげてくれるよう祈りながら。折り返し速達便が届いた。「五島の両親に連絡した。父は長旅に耐えられるほど健康ではない。母は請け負った宴会が二週間先まで組み込まれているので、それが済んでから私と共に上洛する」

あたふたと駆けつけてもらうよりも、気は楽だった。私情よりもビジネスを優先させた決断に、母が女丈夫と呼ばれている所以《ゆえん》を見たと、妙に納得する思いもあった。

やがてその日が来て、母と兄が病室の入り口に現れた。母は横たわっている私の顔を一瞥《いちべつ》すると、流れる涙を両手で拭いながら「私んごと苦労する者はおらんと、みんな言うてくれた」と、しゃくり上げた。

「ごめんね、お母さん。心配かけたくなかったのに、ごめんね、ごめんね」と謝りながら、私の胸は凍りつきそうになっていた。

娘の最大の危機において、母が自分の気持ちだけを投げかけて来た時、私はただただ申し訳ない気持ちだけが先立って、謝る以外何も考えられなかった。もっとも、後に母は一度だけ「代われるものなら、代わってやりたい」と言ったことがある。

　後年、私は発達障害児のコミュニケーション・セラピストとして、アメリカで独り立ちすることになるが、障害児を持つ日米の母親が「この子さえ居なかったら」とか、「ああ、疲れました。この子を放り出したい」と、ふと漏らす本音を聞く度に、あの時の自分の母親の言葉が胸の奥から亡霊のように浮かび上がってくるのである。そして思う。私の母だって、障害者になった私を重荷だと感じたのだから、どうしてもこの母親たちを批判したり責めたりすることはできない。責めればそれは、私が私の母を責めていることにもなる。それはできない。そんな場で、自分の亡き母に対する（糸のように悲しみと絡んだ）愛を否定できない自分と向き合う。そして、若い母親たちに胸の中で言う。（いいのよ、愛するほど、相克が深まるのは当たり前なの。辛かったら吐き出しなさい。でも一番辛い思いをしているのは、あなたのお子なの）と。私だって同じ立場になったら、きっと聖母ではいられなくなるに決まっている。

　そういう意味で、母が病室の入り口で嘆いた言葉は、障害児の親たちに対する共感の入り口に私を導いてくれる布石であったのだ。

　一方で障害児に対する憐憫《れんびん》が深まり、はじき出されやすい同じ障害者としての私がいる。両サイドに立つことができる「私」でなかったら、今の「私」はいなかったであろう。母のエゴ丸出しの言葉も、後天的に受けた肉体的な障害も、今の「私」を作ってくれた大きな「贈り物」であったのだ、と今は思

入院中の支え

七ヵ月と十一日間にわたる入院生活の中で、私の心を支えていたのは友人たちの心づかいであった。だが、何と言っても気分と体調がいい日に読む本が、私をどうしようもない現実から、一時的にでも別の世界に連れ出してくれる最大の案内人であった。ある日、金井牧師がお見舞いとして一冊の本を持ってきてくださった。サルトルの『ユダヤ人』である。その最終章――「ユダヤ人がユダヤ人であることを自ら認めない限り、ユダヤ人の問題は解決されない」を読み下した時、私は、肢体健全な人間として生きた過去の世界と、身体障害者としてこれから踏み入る未知の世界をつなぐ〝かすがい〟の、確かな手応えを感じた。まず、自分自身を身障者として受容しなければ、現実の問題は解決しない。

退院が近まったころ、私は天に向かってこわごわと誓った。

「健常者として生きた二十五年間にマッチして、あと二十五年間、障害者として生きてみせます。それなら、神様も文句は言えないでしょう？　そして、二十五年後に生きた証も立てます」　誰かに誓いを立てなければ、病院を後にできなかったのだ。

季節はもう紅葉の秋だった。

退院

しかし、身障者が自ら障害を認めたとしても、日本の社会では健常者に五歩も十歩も譲ることであり、多くの場合、不当な待遇に甘んじることであると知るのに、時間はかからなかった。まず、日本の当時の家屋は畳部屋が主であり、トイレはほとんどが和式だったので、義足をつけての起居動作は不便と言うより、拷問に近かった。特に和式のトイレにはほとほと困ったものである。

そして、人々の反応にも悩まされた。労災から給付された労災補償金は、私の月給の二年半分で四十二万円だった。学生時代、牧師館のバイブル・クラスで同席したことのある医学生がその金額を聞いて、「ウワーッ」と唸って言った。

「ものすごいお金もろうて、羨ましい」

私はまじまじと彼の顔をみつめた。何とあさましい！　これくらいのお金は仕事がなければ一年で吹き飛んでしまうではないか！　彼の反応がざらりと胸に貼りついて、半世紀以上過ぎた今も、あの卑しい表情が払い落せない不快な記憶として残っている。

退院後、一時休養のために私は五島列島の福江島の両親のもとに身を寄せた。因果応報の思想に深くとらわれている田舎の人たちの間で過ごした秋から初春までの間、私は外目には気強く振舞いながら、内側にはもろもろの傷を抱え込み始めていた。父は高血圧と神経痛に悩まされて、往年の覇気を失いか

京都での再出発

同志社女子大学に入学するために上洛した時のように、冬の底冷えがガラスのように貼りつく京都だった。当時の日本はまだ住宅状況が悪く、空爆を逃れていた京都も住宅難だったので、住まいを探すのは大変な苦労だった。女子大時代のクラスメートの紹介で、紫野にある個人宅の六畳間に、一年の期限付きで下宿することになった。そこは風呂を沸かすことが滅多になくて、近所の公衆浴場を使わねばならなかった。風呂に入るためには、義足を外さねばならない。義足を濡らすことは厳禁なのである。義足を外した後は、松葉杖に頼らねばならない。タオルを体に巻きつけて、洗面器を片手に抱え、松葉杖で両脇を支えながら浴場のガラス戸の前に立つと、時には親切な人が開けてくれることがあったが、大抵の人は気味悪そうに私の動作を眺めていたものだ。特に子どもの目は残酷な好奇心がむき出しで、私が微笑みかけると硬い表情を返されることが多かった。番台の女性も、私の入浴をあまり歓迎していなかったことは、進んで手を貸さない態度に丸見えだった。

今の日本でも、こんな屈辱的な光景が見られるのだろうか？

衣類にも困った。スカートもドレスも義足の作りが不自然だったために着用がはばかられた。義足は大腿部にコルセットがついているが、膝下のソケットをつなぐ金具がむき出しだったために、その金具が屈折する度に衣類の布地が巻き込まれて裂けてしまう。このトラブルは数年後に金具を皮革で覆ってもらうことで解決したが、それまでは苦肉の策として、着物で通すことになった。と言うのも、着物の下につける裾除けなら、避けた部分をつくろいさえすればよかったからである。洗濯のきく服地で兄嫁が沢山の和服を縫ってくれた。和服は体全体をすっぽり包んでくれて、足袋の上に足袋ソックスを重ねれば、義足の継ぎ目のある足首が隠れる。平らな下駄よりも前方に傾斜している草履のほうが、安全に歩けることも発見した。ただ、和服での朝の出勤は好奇な視線を招くことがあり、ちょっとうっとうしかった。

義足も初めの二、三年間は断端部がどんどん瘠せていくので、頻繁に作り替えなければならなかった。断端部から膝までのソケットが合わなくなると、皮膚が擦れて傷つくだけではなく、足を踏み出して重心がかかる時に大変な痛みに襲われる。新しい義足を作る際には、何度も仮合わせをしなければならない。それでも、満足のいく義足が出来上がるまでのプロセスにかかる時間とエネルギーを、私は生きている限り絞り出していかなければならないと知った。

あれから早半世紀を越えて、義足製作の技術も進み、新しい部品も生産されている。中でもsuction system（吸引性）製品は軽くて使いやすいという。しかし、私はこれが合わなくて、数千ドルを無駄遣いしている。使えない理由は、私の断端部が汗をかくことにある。吸引性ソケットは汗腺を切っていやがて、私は本社から枚方《ひらかた》支社へ飛ばされて、紫野から引っ越した嵯峨野駅から四回も乗り換えしなければ通勤できなくなってしまった。それは復職五年後のことであった。雨風の中で義足が濡れるのを心配しながらバスを待っていた時の惨めさは、今でも私の胸にしこりとなって残っている。上司の一人ひとりを、組合の幹部それぞれをなぎ倒してやりたい怒りが突きあがることもしばしばあった。―私は物乞いではありません。走れなくなった人間が、走らなくとも十分に会社に貢献できるポストが欲しいだけなのです―。

組合にもっと近距離の支社への異動を申し立てても、へらへらとした対応でいなされ、やっと辞令が下りたら、それは京阪三条駅前の切符売場の小屋が異動先だった。この辞めよがしの「たらい回し」は、人事部、労務課、そして労働組合の結託のもと、その数年間に謀《はか》られていたのだろう。会社にとって私は「荷物」にしか過ぎなかったのだと気づいて、このままだと私は気が狂うか自殺しかない、と慄然とした。

いつ頃からか、私は朝床の中で、（ああ、今日も目が覚めた。辛いな）と感じ、夕方になると気分が少し軽くなる「メランコリー型うつ」に陥っていたが、ここへきて初めて大きな展開を図る気力をとりもどすことになる。

中途障害者がおおむね辿《たど》る心理的道程は、「嘆き」の入り口から始まって、「障害の現実的認識」を経て、「実生活への調整」に至るという。「嘆き」の期間が長いほど社会復帰が遅れるのは自明の理である。半世紀前の日本には、現在のようなリハビリ・サービスは皆無であった。先天的障害者も後天的障害者も、自力で再起の道を探るしかなかった。

私の場合「嘆き」の期間は比較的短かったが、第二の「障害の現実的認識」から第三の「実生活への調整」への段階は、日常生活からのストレスと、会社の冷遇と、実らぬ恋に乱されて、はるかかなたに霞んで見えた。目に見えぬ大きな壁に取り囲まれているような被害者意識が、日に日に募って眠れぬ夜が続いた。人も事象も目に入らなくなっていた。

不思議なことに、障害を負ったことで人生設計の幅が狭まったと感じる一方で、肩の荷が下りたような、言い難い静謐《せいひつ》さ―人為を越えたものに向かって自分を明け渡してしまったような―そんな感覚がじわりと胸の底ににじみ出ていた。今になってみれば、選択肢が限られると、決断に迷いの手間がかからなくなることからくる、いわば安堵感だったのではないかと言える。

あれは、事故の二年後のことであっただろうか。アルバイトで英語を週二回教えていた教会から帰る夜、かなりの雨が降っていた。高下駄を履けない私は草履《ぞうり》にビニール・カバーをかけて傘をさした。足元を雨水が流れ、その小さなうねりを軒先の明かりが照らし、人影のない通りに雨だけが降りつのっていた。義足を濡らさないようにと一心に見つめている足もとを、白い小さなひとひらが爪先をちらりとかすめた。歩くにつれてその数は増え、路面が真っ白に変わった。

かがみこんで目を見張った。それは雨に叩き落された桜の花びらだった。ああ、桜が咲いていたのか！　傘を傾けて見上げると、塀越しに伸びた枝々が寒々と濡れそぼっていた。いつも下ばかり向いていて、桜が咲いていたことも知らないで……と思ったら、急に胸に迫り涙がほとばしった。花びらをすくって頬に押しつけ、私は誓った。来年の春は、きっと誰よりも先に見てあげるわ。もう、絶対に下ばかり向いているようなことはしない、と。

他人に苦しさや辛さを訴えることの虚しさを通り越して、とにかく「生き方」を変えねばという焦りが、思いがけないことで決意の形に進展したのは、復職後七年目のことであった。渡米していた大学のクラスメートから、いっそアメリカで再起を図ってみてはという励ましが届いていたかたわら、京都ライトハウス館長で京都名誉市民だった故鳥居篤次郎先生から「アメリカで重複心身障害を持っているルベラ児童の教育研究をしてはどうか」という勧めを受けて気持ちが傾き始めていた頃、会社が経営縮小のために希望退職者を募ったのである。

ルベラ（ドイツ麻疹＝風疹）は一九六四年から六五年にかけてアメリカで流行した。これに感染した妊婦から、約三万五千人の盲、聾、心臓欠陥、脳損傷、四肢奇形、知的発達障害など、単一または重複心身障害を持つ子どもが生まれていた。

こうした児童に対応することは、私の能力を越える挑戦ではあろうが、もはや日本に自分の居場所はないとまで思いつめていた私にとって、この状況変化は、転身の好機として抗《あらが》いがたい魅惑に満ちていた。

アメリカの十一もの教育機関に送ったスカラーシップ（奨学金制度）の問い合わせに対する応答が、ぼつぼつ届き始め、ニューヨーク市の視覚障害児寄宿舎学校からの確約をもとに、ニューヨーク市のハンター大学修士コースに入学手続き書類を郵送した。このタイミングを逃すことはできない。

だが、退職希望者の届け出締め切りの十月が近づいても、ハンター大学からの入学許可が来ない。国際電話で問い合わせても反応がない。当時の国際コミュニケーション方法は手紙か国際電話しかなく、時間もお金もかかり、何とも苛《いら》立たしい日が過ぎていた。そんなある日、母校を訪れた。久しぶりにお会いした恩師、中村貢教授は私の現況報告を清聴された後「ライフ　イズ　スペキュレーション（人生は賭け）。渡米なさい。あなたならできます。きっと道が開けるでしょう」と、励ましてくださった。先生のバリトンの良く通るお声は、渡米後何度もくじけそうになった時、いつも耳に響いた。同志社女子大学では、毎年「シェークスピア・イブ」を催し、学生と教授陣のジョイントで、シェークスピアのドラマを演じる。中村教授の「ハムレット」役は、私たち同期の語り草になるほど、素晴らしかった。教授は、私が渡米した十八年後に永眠された。アメリカにおける私の修士取得、結婚、キャリアを見届けていただいたことが、せめてもの恩返しとなった。

十月、私は賭けた。九年間勤務した会社を退社して身辺の整理にとりかかった。十二月二十五日、待ちに待っていたハンター大学入学許可書が届いた。それは私の人生の中で最高のクリスマス・ギフトだった。留学準備で失った十キロの体重に余りあるお返しでもあった。すぐ京都を去り、郷里の五島福江島で両親と数日を共にした後、長崎の兄の家に向かった。母を伴って飛行機で長崎空港に降り立ったのは、もう灯りがともっている時間だった。市内へ行くリムジンバスで隣に座っている寂しげな母の横顔に気付いた時、何故か、(次にこのリムジンバスの私の隣席の人は、私の夫)だと思った。実際にそれから四年後、そうなった。

翌年の一九六七年一月一五日、夜十一時、私は羽田空港を発って、一路太平洋を越えた。日航機が冬の星空をぐいぐい昇りつめている、その数分の間、あの忌まわしい事故以来一度も味わったことのない開放感に包まれて、私はほとんど涙ぐみそうになっていた。背水の陣は敷いた。もう、あとには退けない。

久子、三十二歳。

肉体的な障害を負ったために、諦めざるを得ないことが次々に起きて、遂に日本という国自体を諦めることになった。野火に追われる動物のように、息急き切って命をつなぐ異国、アメリカへ。

スーツケースに一冊の本を入れた。マーティン・ブーバー著『孤独と愛』……それは、私が京都で身を切るような孤独さに溺れそうになっていた頃、たまたま本屋で見かけて、ブーバーが誰なのかも知らないまま、題名に惹かれて購入した本だった。難解な内容であったが、私に「生きる」ことへの意義と威厳を与えてくれた、いわば命綱だった。半世紀過ぎた今も、この本は私のベッドボードに置いてあり、無数の赤線を引いた文章を読み返しては、心のよりどころになっている。

第三章

アメリカへ

ハンター大学留学

ハワイの朝、眩暈《めまい》を起こしそうな光の中で、日本を発った同じ日をもう一度迎えた。そして、その日が「成人の日」だったことを思い出した。当時、日本の「成人の日」は一月十五日と制定されていた。空港で出迎えてくれたアメリカ人の知人が、レイを首にかけてくれながら、頬にそっとキスしてくれた。「アメリカへようこそ!」

「成人の日」を太平洋の両岸で二度くり返すことになり、(再起する人生の本当の意味での「成人の日」が、今日始まるのだ)と、私はしっかり胸につぶやいた。

ハワイに四日間、カリフォルニアのロングビーチで一週間滞在した後、ニューヨークに飛び立った。約六時間後、白い波際に沿ってケーキを切って並べたような屋並みが眼下に開け、雨上がりの夕陽がマンハッタンのスカイラインを影絵のように浮かび上がらせていた。ケネディ国際空港に目を移すと、その上空に大きな虹が浮いているのが見え、その真下に向けて飛行機が高度を下げていった。

それは、私の異国における再出発の吉兆のように思えた。

奨学金の供給元は、世界第二と言われているブロンクス動物園の近くにある、全寮制のニューヨーク盲学校(The New York Institute for the Education of the Blind. 現在の The New York Institute for Special Education.)だった。この学校はヘレン・ケラーが学んだボストンのパーキンス盲学校に次いでアメリカで二番目に古く、広大なキャンパスには樹齢四百年の楓やポプラの大木が陰をなし、日本の紅葉や八重桜が彩りを添えていた。

韓国、インド、英国、エジプト、オーストラリア、南アフリカ、そして日本人の私を含む十二名の留学生たちがこのキャンパスに住んでいたが、私だけが母国を離れる前にハンター大学に登録された学生の資格を有して入国していたことが分かった。あとの留学生たちは、まず「聴講生」として渡米し、受講しながら、「登録学生」としての道を開く過程にあった。

ニューヨーク盲学校のフランプトン校長は、私が厳しい審査をパスして来ていることを特別視していると秘書から聞かされて、私はこのことを初めて知った。

奨学生たちは奨学金の見返りとして、アメリカ人職員たちが嫌う夜勤や早朝の仕事、週末と祭日の勤務をさせられていた。そこに着物をまとった私が加わって、いかにもアメリカ的な―ばらばらな民族、文化の―ミニ国際集団生活が始まった。

ハンター大学はマンハッタンのレキシントン街九十六丁目、地下鉄の駅から地上に出た所にあった。五階建てのビルは灰色にくすんで、廊下の壁は落書きだらけ、教室の床は紙コップやタバコの吸い殻が散乱し、机や椅子はナイフで荒らされ、窓ガラスはどす黒く縞模様になっている。第二次世界大戦が終わるまでは、この大学が優れた女子学生のみに開かれていた大学であったという歴史的品位や優位をしのばせるものは、何もなかった。学期毎の履修科目登録手続きに、各階の階段を上がったり下りたりして五時間もかかる。この能率の悪さと、職員たちの態度の粗さは、まったく反対のことを期待していた身にひどくこたえた。出発前に読んだアメリカ留学関連書はすべてアメリカを礼賛するものばかりだったので、現実とのギャップの大きさには驚かないではいられなかった。

しかしこの大学は、盲、聾、精神遅滞などを併発している「ルベラ児」教育を目指す私一人のために、特別コースを創出してくれた。日本の大学ではおよそ考えられない柔軟性である。このようなアメリカの懐の深さを、私は後々にも体験することになる。特別コースなので、基本習得単位数は三十二から三十六単位に増えた。

留学生活一年目は真冬の二月から始まった。ニューヨークは青森、札幌と同じ緯度にある。夜のクラスが終わって地下鉄で一時間、盲学校のあるペルハム・パークウェイ駅に着くと、時間はもう十一時近い。氷雨でも降ろうものなら、舗道は鏡のようにてらてらと光ったアイスバーンと化する。タクシーなど影も見えない。草履の底は滑りやすい。そろりそろりと歩いて、普段は一〇分ほどの距離を三〇分以上かけてようやく寮にたどり着くと、汗だくになった。コートも脱がずにベッドに転がってしまう。着替えを始めてから、右足首の皮膚が寒風で切れて血が噴き出していることに気がついたこともあった。なので、春まで和服にブーツという異様なスタイルで通すことになった。

当時の私のスケジュールは、早朝のプロクター（寮監：寄宿舎生を起こして、シャワー、朝食などの監督を行う)、日中は盲聾幼児クラスのアシスタントをつとめ、夕方から大学へ……という密なもので、小論を書く準備やテストの予習時間を編み出すのに四苦八苦した。私の日程と寮の食事の時間が合わないために、夕食にありつけないことが多かった。外食したくとも、当時日本から持ち出せる外貨はたった二四〇ドルだったから、一ドルの出費にも頭を悩ましていた。その上、何よりも本を買うお金が必要だった。

連日の疲れと空腹のために、大学の教室で気を失いかけた私を介抱してくれたのは、いつも私の隣席を占めていた公立小学校の教師ローズ・エッカスだった。彼女は修士コースで既定の単位数を習得すれば給与が上がるので、ハンター大学でたまたま私と同席していたのだ。事情を知って、ローズはそれから二人分のサンドイッチとデザートを教室に持参するようになった。袋を差し出しながら、ローズはいつも、こう言った。

「ママラ(ユダヤ語で〝愛する人よ〟の意味)、さあ、食べてよ。食べながら、今日の出来事をしっかり聞かせてよね」

私はあの頃、毎日お腹を空かしていた。ある夜、ハンター大学から帰りの電車に乗るホームで、偶然帰りが一緒になったインドからの女子留学生のシャプナーが、二十五セントの貨幣を拾い、それをホームの柱にあったチョコレート販売機に入れて、一枚を取り出して半分ずつ分けて食べたことなど忘れられない。もう、あの小さな販売機は見かけられなくなった。シャプナーはインド人留学生の中でたった一人だけ、いわゆる「常識」を備えた学生だったので、付き合いやすい相手だった。

ブルックリンのローズの家には、ユーモアの塊のような夫サニーと、二人の養子息子たちがいて、賑やかな笑いがいつも渦巻いていた。このユダヤ系アメリカ人の家族を通して、私はかけがえのない友人と、〝生きているユダヤ史〟を学ぶ機会を得た。知り合って二年後に、このサニーが私の結婚式に私の父親代理として臨むことになる。

就職

　留学一年目が終わった。数名の留学生が去り、新しい留学生たちが来た。私は二月初旬の入学生だったので、それまでにニューヨーク市内や隣接州の様々な施設のプログラムを訪問して、アメリカの特別支援教育の現場を把握していた学生たちに追いつかねばならず、交通機関に疎《うと》いこともあって、呆然とする事態を何度も経験することになった。夜のコースには既に教職についている人たちが出席しているので、講義内容は専門用語、機関の名称、手続き方法、宗教や政治的背景など、すでに理解されていることを前提に進められる。ともかく引っかかる部分をメモしておいて、誰かに尋ねるしかなかった。今のようにパソコンで索引ができる時代ではなかった。明らかにうるさがられることもあったが、私は必死だった。

　五月末、盲学校のディレクターであるフランプトン博士が、特別なオファーを申し出た。

「あなたに限って、留学生扱いを止めて、六月からアシスタント教師として雇いたい。そのために、永住権の申請をして頂きたい。そのスポンサーは私」

　寮費を差し引いても、毎月二百数十ドルが手元に残る。もう、私が日本から持ち出していたドルは底をついていた。経済的な安定もさることながら、アメリカに残れる可能性が開けたことが何よりも嬉しかった。天にも昇るような思いだった。永住権の申請カテゴリーは〝Special Education Teacher（特別支援教師）〟申請手続きの費用は写真撮影も含めて二十七ドルだった。あれからほぼ半世紀が過ぎて、現在では日本人たちが永住権獲得のために弁護士を雇って数万ドルを払っているという。それでも永住権を取得するのに、何年もかかるケースを見聞している。

六ヵ月後に移民局からインタビューの呼び出しがあった。若い男性役人の第一印象は良くなかった。いかにも「俺一人の裁量でどうにでもなるんだぞ」という威圧が見え見えだった。その態度が一変したのは、永住権申請の動機についての私の応答が終わった時だった。

「アメリカでは、重複心身障害を持って生まれてきた、約四万人ものルベラ児童たちが、もうすぐ学齢期に達するので、この児童たちに対応できるスペシャリストを必要としており、私はその数少ないスペシャリストなのです」

実は当時、アメリカで私のようにこの分野に特化した専門的資格をもっていた者は皆無であったと、フランプトン博士がスポンサーとしての手紙にも言明していたことを、後で知った。

私の応答が終わると、この役人はいきなり立ち上がって私に握手を求めて言った。

「よくぞ、残ってくれる決心をしてくれました。この国はあなたのような人を必要としているのです。アメリカを代表して感謝いたします」と。

その後、彼の姉がハンター大学卒業生であること、同大学はかつて知能指数一三五以上の女生徒しか入れなかったエリート校であったこと、第二次世界大戦後、凱旋《がいせん》した多くの軍人たちがＧＩビル（奨学金）で大学入学を希望したために、ハンター女子大学もその門を開いて男女共学になったことなどを話してくれた。雑談にかまけたのか、他の質問はまったく出なかった。それから六ヵ月後に、「グリーン・カード」と呼ばれる、永住権を示すカードが届いた。

こうして私は、アメリカで本格的にルベラ児童たちと関わる道がすっきりと開けたのである。

ルベラ・チルドレン

レーガン大統領の大幅な政府予算削減が、大学教育ローンにも及んだ一九八一年、アメリカの大学は、一様に入学生が減った。だが、ただ一つの例外があった。合衆国唯一の聴覚障害者のための大学、ギャロデット・カレッジである。この大学は、例年約五百人の新入生を受け入れていたのだが、一九八一年には一挙に千人になり、スタッフの拡充と教室の整備資金を政府に要求した。ルベラ・チルドレンが大学入学の年齢に達したのである。

その一人は、私がニューヨーク市のある聾学校で関わった男児だった。

フランプトン博士は、私が留学二年目にハンター大学を卒業すると、「この盲学校を出て、他の学校に奉職しなさい。そして、アメリカを見るのです」と引導を渡し、素晴らしい推薦状を書いてくれた。このキャンパスでの二年間は多くのことを私に教えてくれた。

ルベラ児童たちの多くが知的発達障害を併発していたので、まずアメリカでの知的発達障害児教育の現場を知るために、ニューヨーク市内で幾つもの小規模の学校を開設していた組織に応募し、私の住んでいたブロンクスの住居に近い学校で、もっとも幼い重複心身障害児クラス（八名）を受け持つことになった。

当時アメリカはベトナム戦争中で、若者たちは徴兵されて前線に送られていた。徴兵逃れのために、多くの若者たちがカナダに逃亡していた。そうしなくても合法的に徴兵を逃れる方法があった。その一つが特別支援教育にたずさわることである。私の助手もそんな一人だった。遅刻の常習犯で休みも多い。気はいいのだが目配りが悪くて、子どもたちにアクシデントが起きそうで私は気が抜けない。子どもたちの全員が視野に入るような配置を与えているのに、ハラハラさせられるようなことが多かった。そんなある日、私が十五分の休憩から教室に戻ると、彼はあろうことかマットの上で寝入っている。円形立ちテーブルに二人の女児が立っていたが、一人の女児の背後のドアが半分開いていて、その子が今にも後ろに倒れそうになっているのを目撃して、胸が冷えた。

馘首《くび》にすれば徴兵を免れないかもしれないが、これはもう見過ごすわけにはいかず、上司に報告して辞めてもらった。それから間もなくベトナム戦争が終わった。あの若者はあれからどうなったのだろう。

私は修士取得と同時に結婚していたが、この職場で働いた二年間、同組織が開いていた土曜学校でも働いた。教師の数が少なかったのと、上司たちがおぼつかないながらも効果があがっている私の療育方法を活用したかった、という事情がある。土曜学校の保護者たちは、期末のお礼に教師たちを地域にあるクラブのハワイアン・ディナーに招いてくれた。日本では考えられない「おもてなし」だったし、とても楽しかったので今もよく思い出す。ここでの教師と保護者たちの心地よいハーモニーは、例外だったように思う。

その頃、知り合った聾学校の女性教師から、St. Joseph School for the Deafという聾学校がルベラ児童クラスを設置することになり、専門教師を探しているので応募してはどうかと打診された。面接に行ったら即採用となり、私はそこで一年半、主任教師を務めることになった。この時代のことは『そして挑戦の日々』（一九八四年　日本放送出版協会）に詳しく記述してある。この本が絶版になった数年後、『ニューヨーク障害児教育事情』（一九九五年　学習研究社）にこの部分はコピーされているが、これも絶版になっている。

この学校で、私は初めてルベラ児童たちと本格的に向き合う経験を積むことになった。前出のギャロデット大学入学生が、このクラスの一人だったのである。

この聾学校から、私にとってアメリカで最後の勤務先となるＭＲＩ研究所（ニューヨーク医科大学精神遅滞研究所）にスカウトされたのは、一九七二年のことであった。この研究所はニューヨーク医科大学付属研究所として一九七一年、マーガレット・ジオニーニ博士（小児科医）を頭に創立された。私はその研究所の重複心身障害児教育部門の盲聾プログラム主任のポストを得たのである。

この研究所に奉職していた二十三年間に、日本から多くの訪問者を迎えることとなった。元ＮＨＫ「のど自慢」司会者で、後年参議院議員だった宮田輝氏を含む政治家たち、ＮＨＫの「特殊教育の最前線」取材グループ、医学、心理学、特別支援教育分野からも、学習障害教育の先駆者である上野一彦先生（東京学芸大学名誉教授）など、研修者たちの便宜を図る道にも入ることになった。いつの間にか私は「諦めた」筈の日本との絆の端を握り戻していた。

受賞とストレス障害

この研究所で、私は広範囲の専門家たちとチームを組むことによって、近接分野に分け入り、関連知識を修得することができた。このメリットがリタイア後の「プロ」としての私の生活を豊かにし、日本で毎年秋に行っている「講演ジプシー」の源となってくれているのである。

一九七四年秋、私はAmerican Association on Mental Retardation（現在　AAIDD：American Association on Intellectual and Developmental Disabilities）から障害児の教育、訓練、養育の分野でその年の最優秀賞を受賞した。当時、この組織は既に六十年以上の歴史を持っており、一九七四年までの受賞者の中で外国出自者は私が初めてであったという。この授賞で、私はアメリカでプロとして生きていける（本当は生かされていたのだけれど）という手ごたえを感じた。その時、渡米して八年近い歳月が過ぎていた。

初めてということでは、もう一つの受賞がある。一九九〇年、日本顕彰会（現在　公益財団法人社会貢献支援財団）が初めて海外在住日本人を「国際的貢献」の分野で表彰する際に、非力の私が最初の受賞者として選ばれた。この授賞式の時、笹川会長が突拍子もない行動をとられたことが、今も脳裏に刻まれている。

ステージ正面右側に常陸宮殿下御夫妻が臨席されて、広いブリムの御帽子を召された華子妃殿下の清楚な美しさが際立っていたのを思い出す。

二十人ほどがそれぞれの団体や組織を代表して名前を呼ばれると、ステージの右側から上がって表彰状を笹川会長から受け取り、左側から降りて席に戻るという手順で式が進行していった。笹川会長は表彰状の全文を最初の受賞者に渡す時だけ完読し、二番目からは前文のみを読み上げ、表情も変えずに「以下、同文。がんばりなさいよ」とお声を掛けておられた。私は四番目だった。宮様たちに一礼して、笹川会長の前に立ったとたん、会長の顔に血の気がのぼり、目が一気に見開かれて「あーた、幾つになられた？」と、さも懐かしげに尋ねられた。それはまるで長年の旧知に数年ぶりに再会したかのような口調と表情だった。私にとって笹川会長はそれまで伝説の人であり、お会いしたのはその時が初めてである。

（えっ!?　どうして？）うろたえながら、かろうじて答えた。「五十六歳でございます」聞こえなかったのであろう。「えー？」と問いなおされた。この方の人並み外れた大きな耳に少し口を近づけて、もう一回答えた「五十六歳でございます」

「おお、六十六歳！」（あ、十歳も多く言われちゃった）と思う間もなく、会長は続けた。

「あーた、そこから三十歳引きなさい。私は今年九十四歳。でもそこから四十歳引いて、ほら、こんなに元気ですぞ」と、マイクのそばから一メートルほど背後に移動して、三回ジャンプした。あっけにとられた。華子妃殿下が微笑を浮かべておられるのを目端にとらえながら、私は（父の霊が来て、喜んでいる！）と思った。満面の笑みが私の顔に広がった。できるものなら一緒に踊りたい。会長の柔らかい関西弁のアクセントを心の奥深くにとどめて、ステージを降りようとすると、司会者が笑顔で「会長はただいま三十歳引きなさいとおっしゃいましたが、三十歳を引いてしまうとカニングハムさんには年が残りません」と、上手にまとめてくれた。その後笹川会長は、式が始まった時のあらたまった表情に戻っていた。

思い出すたびに何とも言えない温かさが胸を浸す。あの不思議なシーンは日本顕彰会のビデオに残っているはずである。可能なら、一度でいいから見てみたい。

二年後の一九九二年、仕事を通して日米教育交流の促進に尽力したことを認められて「外務大臣賞」も受賞した。この内定をニューヨーク領事館から受けた時、私は夫にさえも告げないでいた。と言うのも、私が本当に日本サイドから二度も表彰を受けるに足る人間なのか？　という思いがあったからである。内定が入ってから二日目の夜、日本の妹から電話があった。「ちょっと確かめたいことがあって……」と。彼女の伴侶は教師で父のお気に入りだった。その伴侶が見た夢に関する問い合わせで、その内容を聞いてショックを受けた。

「今朝、憲章さんが起きてきて言うには、昨夜憲章さんの夢の中で、お父さんが新聞をがさがさ言わせながら読んでいて、『久子が表彰される。嬉しか』とにこにこしていた。あまりにはっきりした夢だっセラピー例を書きとめることにした。

その積み重ねが、一九八四年、『そして挑戦の日々』（日本放送出版協会）と題した一冊の本となった。偶然にもその年は私の年齢が五十歳で、障害を負った年から丁度二十五年目であり、病院を退院する時に胸に誓った言葉「二十五年間、健常者として生きました。これからは障害者として、少なくとも二十五年を生き抜いてみせます。そして、その年に生きた証を立てます」の、二十五年目でもあった。拙稿は友人がその二年前から、数ヵ所の出版社に持ちまわってくれていたが、何時、どこが出版してくれるのか見当もついていなかった。だからこの出版年は偶然とは、とても思えなかった。

もう一つの方法は、英語の文章を必ず声を出して読むことであり、読んだ文章を暗記しては、同文章を想起するという習慣を続けた。

そしてある日、私はある裕福なマダム達が集っているカントリー・クラブで頼まれた生け花を入れていた時、アメリカの妊娠中絶問題が話題に上っているのが聞こえてきた。当時、アメリカでは妊娠中絶は違法だったので、富裕な階層は望まぬ妊娠をするとメキシコやヨーロッパまで行って中絶していた。そんな話の中「日本でやれば、もっと安価で安全な中絶をしてくれるわ。あの国は人命を粗末にしているので、中絶が多くて、医者の腕がいいから」と言う声が聞こえた。とたんに、私は全身がカーッと熱くなるのを覚えた。花鋏を置くや、そのグループに近づいて言った。

「すみません。会話が聞こえてきたので、失礼ですがどうしても口を挟みたくなりました」

気がついたら、私は英語で日本の中絶法に関する歴史的背景、終戦後に引揚者たちの中でレイプされて妊娠していた女性たちがいたことや、日本でアメリカやオーストラリアなどの占領軍兵士たちによるレイプの犠牲者もいたこと、医者や僧侶たちが敢えて法を犯してまでこうした女性たちの再生を助けたことなどを、すらすらと喋っていた。私は久々に自分の声を耳で確かめながら「心身が穿《うが》たれた」ような気分を味わっていた。どうやら沸騰した怒りの感情が脳の言語中枢を叩いて目覚めさせたらしい。

表出言語を取り戻してから、二、三年後のこと、ニューヨーク医科大学とつながっている廊下で白衣の若い男性に呼び止められた。私が表出言語を取り戻そうと苦心していた頃、医学部の学生だった人が、同大学の研究室に戻ってきていたのだ。時折、食堂で同じテーブルに着くことがあり、よく話しかける学生だったことを思い出した。

「ああ、覚えていてくれて嬉しいな」と彼は顔をほころばせた。そのまま一緒に食堂でランチをしようということになり、並んで歩いている途中、彼が聞いた。

「ミセス・カニングハム、僕があなたに日本人のガールフレンドを探して欲しいと、頼んだことも、覚えていますか？」

「そういうこともありましたね。お力になれなくてごめんなさい。あの頃私は……」と説明し始めると、彼は驚いたように私の顔をのぞきこむようにして言った。

第四章

異文化適応

その困難

「アメリカ人はunder dog（弱者）には優しいけど、competitor（競争相手）に対しては容赦ないわね」と、チリからの留学生が言った。留学生時代、私は常に助けられる側であり、言わずもがな、under dogだったわけで、彼女の言葉は実感として伝わってこなかった。就職も、まだ耕されていない分野で資格を取ったばかりに、恵まれた道を歩いていた数年間、彼女との会話を思い出すことはなかった。最後の職場となった研究所に入るまでは……。

研究所で得た最初のポストは、付属養護学校のワーキング・スーパーバイザーといって、「コミュニケーション・セラピー」を行いながら、教師たちのスーパーバイザーも果たす役目を負わされていた。在籍児童数は百数十名、アシスタント教師を含む教師数は二十名ほどの小規模であっても、マスター教師はすべて修士の資格があり、性格も能力もそれぞれに違う。まして、エイド（助手）として雇われていた高機能の発達障害成人の中には、子どものオムツに大便を包んだままバッグに入れて持ち帰らせたりする者もいて、ここでの六年間は、のけぞるようなことが何度もあった。

そして、もっと大変な職務があった。それは「ルベラ児童」クラスの教育基金をアメリカ連邦政府から獲得することだった。一九六九年、連邦政府は合衆国全体に十二ヵ所のRegional Center for Services to Deaf-Blind Children（盲聾児のための地域サービスセンター）を設置し、ルベラ児童と一般の盲聾児の実態調査を始め、教育基金を予算化していた。ニューヨーク州とニュージャージー州は同一センターを通して教育基金の申請をしなければならず、毎年一つのパイの切り分けをより大きくして貰うために、書類上の手続きと予算会に出席して申請内容の正当性を主張する重責である。研究所内の意見の調整、書類上必要な知識、センターでの予算会議など、つくづく外国出自が非力のもとになった。この職務は何よりも、英語力、交渉スキル、妥協点のポイント選択などに迫られる、修練の機会をあたえてくれた。この職務を曲がりなりにも果たすことができたのは、ひとえに「説得してみい」という父の挑戦のたまものであったと思う。

だが、部分的とはいえ、管理職が含まれているポジションは楽ではなかった。一斉に「右へ習い」の文化に育った私にしてみれば、アメリカの職場を計るのに定規を一本しか持っておらず、その定規からはみ出た部分に振り回されながら、何度もここは日本ではないのだという現実を突き付けられることになった。

スタッフとの攻防戦

教師たちやエイドたちとの関係は、そんなに悪くなかった。中には個人的に親しくなった教師たちもいた。その中の数人は、お互いに職場を離れ住む場所も離れているのに、今もって親交を保っている間柄の者もいる。

研究所に入るまでに、学んだことが役に立ったのだ。一例だが、聾学校に勤務していた時、私のアシスタントだった黒人女性が毎朝のように遅刻するので、本当に困って「何故、あなたは毎朝のように遅刻するの？」と私が聞いたことに腹を立てて、翌朝から出勤しなくなったことがある。それこそ「Why?」という質問が「何故？」彼女を怒らせることになったのか、私には理解することができなかった。夫や同僚に相談したところ「マイノリティの人たちは、過剰にセンシティブ（感をとがらせる）な傾向があるから、言葉には気をつけた方がいい。何故？　という言い方では、詰め寄っているようにひびいたのだろう」という意見が多かった。

それでは、どう言えば良かったのか？

夫に言わせると「Would you like to explain to me why you come late for work almost every morning?（毎朝のように遅刻する理由を説明してくださらない？）」でいいのではないか、だった。「何故なの？」と聞いた時、私の声音は決して対決的ではなく、懇願するような思いがこもっていたはずだが、やはり言葉を知っているだけでは不十分で、その場や相手に応じた表現を文章化できる必要性を繰り返し体験したことが、ある程度研究所の養護学校で潤滑油として役に立っていた。その後も、似たような英語でのコミュニケーション・スキルの社会的訓練は続くのだが。

この養護学校は私立ではあったが、ニューヨーク州から特別支援教育基金が支給されていた。毎年の基金授与額は、学期ごとのクラス児童のProgress report（日本で言えば成績表。個別教育プログラムがベースになっているので、児童一人あたりのレポートはかなりページ数が多い）提出がもとになっていた。教師たちの中には提出期限を守れない常習犯が数人いた。期限一ヵ月前から予告しておき、それからは一週間おきに、そして数日前には催促をすることにしていたが、それでもレポートがこない。

期日前日、通りがかった食堂から教師たちの声が漏れてきた。

「ヒサコがレポート、レポートと、うるさくて。なんで、彼女が私たちの上司なのよ」

男女の常習犯たちがランチを食べながら、私をさかなにしていた。思い切ってつかつかと入って行き、彼らの前に立つと、皆が少しひるんだような様子を見せた。

「ひとつ尋ねますけど、あなた方のお給料がどこから支払われているかご存じ？　州の教育基金から出ているのですよ。その基金は先生たちのレポート提出をもとに約束されているのです。もし提出期限が守れないことが重なると、査察が入って学校の運営に支障をきたす可能性があり、何よりも先生方のお給料が払えなくなることもありうるのです。だから、自分で墓穴を掘るようなことは、しないほうがいいのでは？」

そう言い終えると私はさっさと校長室に向かい、一応このことを報告しておいた。

この時、私は初めて「Don't dig your own grave（自分の墓穴を掘るな）」という表現を使う適切な機に恵まれて満足感を覚えたものである。私なんてレポート書きは自宅で夜や週末を犠牲にして書いていたのだから。

それから数日後、すべてのレポートが揃った。それからも些細なミスコミュニケーションはあったが、組織上の約束事にはフォローするアメリカ文化に支えられて、私のポストは安泰に見えた。残念ながら、これでめでたしめでたしではなかった。私自身の直属上司との戦いが待っていたのである。

差別との戦い

養護学校の校長は、教育学博士の資格を持った白人女性だった。私は研究所直属であっても、研究所付属養護学校に派遣されている形だったので、直属の上司は学校長ということになっていた。ということは、私の勤務評定と昇給推薦権は、彼女の手中にあった。

勤務一年が無事に過ぎて二年目に入った時、研究所人事部の秘書が、私をランチに誘ってくれた。アメリカの職場では、誕生日やクリスマス時に何らかの心遣いをするので、私は自分と直接関係のない部署にいる秘書たちにも、できるだけ十分な心遣いをしていた。両親からつねづね「下働きの人たちを大切に」と言われており、親たちがそうしている姿を見て育ったからである。そのせいか、秘書たちは私に好意を寄せてくれていた。

その秘書がランチを外でと言う。ピンときた。内密の話だなと。

聞いて胸がざわついた。「ヒサコ、校長から上がってきた昇給リストにあなたの名前がないのよ。早く手を打った方がいいと思って。私から聞いたことは内密にしてね」「勿論よ」

すべての書類は秘書たちのデスクを通して、回ってくるものだ。だから、上司よりも先に秘書が情報を掴んでいることがある。秘書と本当に親しくしていると、こんな恩恵を受けることがあるのだ。彼女に感謝して別れた後、怒りと疑問で燃えるようになった頭を冷やすために、研究所の周囲を歩きまわった。ここはGrassland（草原）という地名のとおり、緑の野原が広がっている。病院、老人ホーム、刑務所、少年補導員、そして墓場まである郊外地なのだ。さて、どうしたらいいだろう？

その日夫に相談したら、本人の私よりも怒り狂って、方策を立てるどころではない。諦めた。その夜、校長に直接確かめてみようと決めた。翌朝、出勤してすぐ校長室に行き、知らないふりをして切り出した。

「昇給リストが上にあがっていると噂にきいたのですが、私もそのリストに入っているのでしょうか？」校長はちょっと顔を赤らめて断言した。

「勿論、入っていますとも」

一応、待ってみることにした。一週間もすると、教師たちは昇給した話でもりあがっていたが、私ともう一人の英国出身のパットだけが何の音沙汰も届かない。そこで、又、校長に何故なのかと問うと「リストにちゃんと書いてあったので、昇給がなかったのは人事部の決済です」という。そこですかさず言った。

「それでは、私が直接人事部に問い合わせすることに、反対はなさらないでしょうね」

彼女の顔が一瞬ゆがんだが、出た言葉は「Go ahead（よろしいです）」

すぐに、人事部のトップに会うアポを取った。トップのマイクルスミス博士は心理療法部の部長で人事面の権限を持ち、研究所の副所長でもあった。私が採用されてから、私の仕事ぶりに強い関心を寄せ

てくれていて、私のセラピーをよく観察しに来てくれていた。（一九七四年の最初の受賞に尽力してくれたのは、この人である）

マイクルスミス博士と交渉した日、私の手には過去一年間の完璧な勤務記録、保護者からの私のセラピーに対する感謝のカード数通、ルベラ児童クラスの基金獲得記録などがあった。当時の私は「大和撫子」丸出しで（今もそうだが）一日も休んだことがなく、保護者達からも早々に信頼と感謝を寄せられていた。

「昇給についてですが、私以外の教師たちは昇給したのに、私には何の知らせもないので、校長に問い合わせたら、昇給リストに私も挙げておいたが、人事部が昇給を見合わせたということでした。本当でしょうか？　もしそうならこの資料を見て頂き、私が昇給されなかった根拠を説明して頂きたいと思います」と、持参した資料を見せた。

マイクルスミス博士はすべてに目を通した後、私に顔を向けた。その顔にかすかな不快感が浮かんでいた。それは私に向けられたものではなく、輩下に嘘をつかれたことに対する感情であることは直ぐに読めた。博士はため息を一つついて、口を開いた。

「まったく立派な裏付けを見せてくれてありがとう。実は、あなたの名前ともう一人、パットの名前がありませんでした。見せてはいけないものなのですが、私が嘘をついていない証拠に、上がってきたリストを見せましょう」と、リストを開いてくれた。実際に私たち二人の名前はそこにはなかった。

「これは、完全に差別と言えませんか？　パットも私も出自が外国です。それだけでも差別の根拠として使えるのではありませんか？　パットについては、何も言及できませんが、少なくとも私自身については、それ以外に昇給リストから外される根拠は考えられません。確かめるために人権局に問い合わせるべきでしょうか？」

最後の一言に、博士は明らかに焦燥感を見せた。

「そこまでしなくても、解決できますよ。ここで、策を練りましょう」と、提案されたのが、次のようなことであった。

一応、校長のメンツを立てるために「昇給リストにヒサコ・カニングハムの名前を記入したというのは、校長の思い違いだったのではないか。後追いとしてもう一度、昇給願いを出して欲しいと、マイクルスミス博士が要求している」と校長に私が伝える……だった。

校長は私に対して、昇給リストに加えたというスタンスをとっていたのだから、その「お芝居伝言」に従ったことは言うまでもない。

その後、正式にマイクルスミス博士と交渉に入り、他の教師たちよりも多い昇給を獲得することができた。

この一件から、同博士とのコミュニケーションばかりか、所長のジオニーニ医学博士との信頼関係が深まるという、大きな副産物が生まれた。私はこの出会いからマイクルスミス博士がリタイアするまでの二十年足らずの間に、博士の行動から様々なアメリカの交渉技能や、物事の柔軟な見方を教わることになる。博士は学問としての「心理」を政治的、実利的に使える現実的な人だった。そんなプロに手ほどきを受ける機会を、校長が開いてくれたことになったのだから皮肉なものである。「禍《わざわい》転じて福となす」とは、こういうことを言うのだろう。

二年後、この校長は馘首《くび》になった。彼女とマイクルスミス博士との関係は、私の件が起きる前から悪化していたのだということを知ったのは、彼女が去り副校長だった男性が校長に昇格した後のことだった。

この男性校長の前身は海兵隊で、見栄えのいい三十歳代後半だった。馘首にされた校長がどこかの学校で教師だった彼を引き抜いて連れてきていた人物で、副校長の間は無難に職務をこなしていた。ところが校長に昇格するや……。

校内スキャンダル

まず、校内の備品が夏休みに入ると消えはじめた。噂では、この校長が私的に運営しているサマーキャンプに密かに運び出されているという。そのキャンプで働いた教師の一人が、見覚えのある数々の備品をそこで見たことをしゃべったのだ。そのうちに、高機能の知的発達障害を持っているエイドの女性が、どうやらこの校長にセックスを強要されて、数回受け入れてしまっているという噂が私の耳に届いた。それで驚いていたら、アシスタント教師の一人が私に相談があると、深刻な顔でアドバイスを求めてきた。

「校長と合意の上で性的関係を持ってしまった。それを知った副校長から、自分ともどうだと迫られている。どうしよう？」というものであった。つまり、売春婦扱いを受けたことに腹を立てているというわけで、あっけにとられた私がやっと言えたことは「校長は妻子持ちなのに、どうしてあなたはそんな深みに入ってしまったの？」だった。と同時に、これはひょっとすると氷山の一角にしか過ぎないのかも……と、凍るような思いが背筋を走り、校長に対してもこの女性に対しても強い嫌悪感を覚えた。更に、副校長に昇格した男性教師に対しても、信じられない思いを抱いた。

このことを部外者の友人たちに話すと、その殆どが私に向かって同じようなことを言ったのだ。「あなたって本当にナイーブ（知らなすぎる）。恥ずかしいことだけど、よくあることだから放っておきなさい」

この反応に私はひっくり返りそうになった。教育の現場なのに「よくあることだ」なんて！　このアシスタント教師は養護学校のナースにも話したらしく、ナースが言い放ったことが今も忘れられない。それは「私が尊敬している校長と、あの教師が寝てしまって……。この頃の若い女たちには、本当に困るわ」。

これって、理論的にも倫理的にも何かが破綻していやしないか。ちなみにこのナースはイタリア系で年齢は五十歳半ばである。

こんなにも私の定規からはみ出てしまった環境に、どう対応すればいいのだろう？　最良の選択として口を挟まないことにした。「よくあることだから……」が嘘ではないことは、その後、マスコミが頻繁に教育環境の中での性に絡む不祥事を報道することでも、確認できるようになり、今では、「またか！」という反応しか起こさなくなっている。日本でも、このてのマスコミ報道が散見されるようになっている今日、教師の意識が変化していることに失望を禁じ得ない。

さて、それから間もなく私の部屋から消耗備品が消えたことや、私に近接する教師が増えてきたこと、そして私が研究所のトップ二人に特に目をかけられていることなどが原因で、校長の嫌がらせが様々な形で始まった。

実はその間に、マイクルスミス博士から、新校長の行状について内密の問い合わせが私に入っていたが、博士には「トロイアの木馬」的な策を弄する面があることを感じていたので、ニュートラルな立場をとることにしていた。

校長はまず、私の直轄にあった「ルベラ児童」を他のクラスに分散統合して、専門プログラムを崩してしまった。このクラスが始まってから四年目のことだった。私が最終確認を取るために校長に託していた連邦政府の基金申込書を、意図的に遅らせる方法を使ったのだ。申し訳ないというポーズをとりながら最初の攻略に成功したわけで、研究所のトップ二人は手の施しようがなかった。もっとも「コミュニケーション・セラピー」プログラムは外せなかったために私のポストは守られ、しかも管理的責任が一部減ったことで、教師たちとのコンタクト時間が逆に増えた。そのことは校長にとっては計算違いだったかもしれない。

教師たちから聞かされる様々な校長の行状が耳に入ってくるたびに、私は自分自身のポストが脅かされていることを、より強く感じるようになった。夫に相談してもすぐ感情的になるので、かえって闇の中に引き込まれかねない。研究所のトップに教師たちから聞かされる情報を伝えれば、何かが私の利になるような発展があるか？　結果は不明だし、何よりもそんな卑しい手を使いたくなかった。私の戦いは私なりに「正攻法」でやる。独りで悩む日が続いた。

気持ちを落ち着かせ、考えをまとめるために、庭に来るリスたちにピーナッツをやり始めた。ピーナッツの殻が大量に散らばっているのを見かねた夫が「ブロンクス動物園と張り合って、リス動物園でも作るつもり？　餌代が大変ですね」と笑いながら皮肉ったが、私はこの小動物たちが無心にくりくりとピーナッツをむさぼる姿に癒されていたので、毎週一回、十ポンドの殻付きピーナッツの購入費が惜しくなかった。もし、最悪の事態が起きたら夫に養ってもらえばいいなどと、不埒《ふらち》な考えにも支えられていたきらいがある。

そうしたきわぎわの状況が二年ほど続き、寝耳に水のニュースが飛び込んできた。研究所から養護学校を切り離すという。マイクルスミス博士は私が養護学校についていくか、研究所に残るかについて熟慮するようにアドバイスしてくれた。研究所のトップはそれまでに着々と養護学校の扱いに策を練っていたのである。校長のスキャンダルが外部に漏れる前に、学校自体を切り捨てて、校長が私立校としてどこへでももって行けるような形で縁切りしたのである。教師と校長の性的関係はともかくも、発達障害を持つエイドとの校長の性的関わりがマスコミに漏れたら、研究所もニューヨーク医科大学も大変な騒ぎに直面せざるをえなくなる。そうなる前の天晴《あっぱ》れな政治的解決方法であった。研究所も医科大学も傷がつかず、生徒・児童たちもプログラムの恩恵を中断されずに済む。学校のモラルは保護者たちの賢察に任せればいい。

子どもたちとの別れは辛かったが、迷ったあげく私も政治的判断のもと、研究所に残るという選択でけりをつけた。子どもたちは私にとっていろいろな意味で宝だった。気持ちを入れ込んだ子どもたちが沢山いた。前の学校の子どもたちがそうであったように、この子たちは私の性急な性格を矯《た》めてくれて、観察する目や、忍耐力を育て、より深く広く専門分野を学ぶ動機を高めてくれた。そして、何よりも、私はこの子たちを愛していた。「生まれてきた命は、どんな姿であってそのままで完璧である」というマーティン・ブーバー（神学者）の言葉そのままで、私の前にいる子どもたちは、私の同士でもあった。更に、私のプロとしてのアイデンティティーを創るメディアでもあった。それゆえに、私はこの子どもたちに対して言いつくせない感謝の念も抱いていた。

その数人については『そして挑戦の日々』（一九八四年　日本放送出版協会）に詳述してある。

研究所の配置先は「Speech & Language Department（言語療法科）」で、「Supervisor : Clinical Service for the Aurally & Visually Handicapped（視聴覚障害臨床サービス主任）」という長い肩書を貰った。主任とは言っても、私一人のセクションであり、功罪共に私一人で受けることに、大きな安堵感と開放感を覚えた。

研究所に入ってすでに六年が過ぎていたが、毎年の契約更新審査に落ちて自ら去っていった職員も含めて、それまでに四分の一の顔ぶれが変わっていた。自ら資金を集めて、この研究所を創立したジオニーニ医学博士さえも、創立八年後に母体のニューヨーク医科大学から追われることになる。ジオニーニ医学博士は基金作りに凄腕を持っていた。いろいろな手段で基金を集めていて、時々、研究所内でニューヨークのセレブを主賓に据えたランチを催し、その度に私を主賓の隣に座らせた。要するに私は「おもてなし」の道具に使われていたわけだが、ロックフェラー一族の女性が主賓として招かれた時、装飾品は結婚指輪だけのシンプルな「いでたち」に強い印象を受けたことなど、懐かしい記憶である。

アメリカでの職場の厳しさがひしひしと胸に食いこんでくる日々を、どう潜《くぐ》り抜けるのか、まだ、挑戦の日々は続く。

挑戦と作戦の日々

研究所最上階の四階に与えられた私のクリニック部屋には、養護学校時代と同じように、日本から研修目的のために、医療、福祉、言語療法などの専門家たちが見えた。日本での学習障害教育の先駆者である上野一彦先生（東京学芸大学名誉教授）もその一人である。星槎学園のトップである山口薫先生、「新生児行動評価方法」を考案したブラゼルトン医学博士を長崎に引き寄せて、同方法の訓練プログラムを長崎大学医学部に根付かせた穐山富太郎医学博士なども訪れた。こうした著名な専門家たちに加え、学習研究社や他の組織が組んだ研修ツアーで訪れた若かった人たちが、現在、前線で活躍しておられる。

東京のある社会福祉専門学校は、フォーダム大学と夏期講座の契約をもとに、夏になると同大学のブロンクス動物園に近いキャンパスに百人以上が宿泊し、研究所もソーシャル・ワークと特別支援教育分野で関わることがあった。言わずもがな、私がその仲介や講師などを受け持っており、この連携プログラムは五、六年ほど続いた。

ジオニーニ所長が追われた後、数人のトップが入れ替わり立ち替わりして、やっと心理専門の女性が所長に任命されて三、四年たった。まだ三十代後半で管理に関する経験は浅い人だった。研究所開設以来十数年が過ぎており、職員のほとんどの顔ぶれも入れ変わっていた。毎年契約更新の面接が直属の上司との間で行われ、上司の評価表に対して申し立てができる機会ともなる。私の上司は、私よりも十歳以上若い女性で、頭はいいが気分にむらが多く、こちらの挨拶を無視したり、時折平気で印刷できないような罵《ば》詈《り》雑言《ぞうごん》を口にしたりする人だった。

その彼女と、異動後四年目の契約更新の面接の際、「積極的に外部の研修会に参加」という項目の私の点数が低いことで、少し揉《も》めることになった。彼女は自分の評価を否定されたことに不快感をあらわにした。私は「何回外部の研修会に参加すれば上位点になるのか、その基準を知りたい」と尋ねただけなのに。

彼女が示した回数は記憶していないが、私にはできない回数だった。そこでまた尋ねた。「私は自分の患者さんに毎日セラピーをすることで、勤務評定されていますね。あなたが要求している回数の外部研修会に参加するということは、セラピー日をそのために犠牲にしなければなりません。そうすると減った分は研究所の収入減になるので、「研究所への貢献」という項目の勤務評定が下がると考えられます。だから、私はできるだけ週末を利用して外部研修会に私費で何回か参加しました。従って、この評価の仕方は矛盾してはいませんか？」

彼女はしぶしぶ私の言い分を認めたが、最終的にどんなレポートを上にあげたのか、養護学校での経験があったので心配になった。そこで、同じように主任技師として部下の評価をしている夫に相談したところ、この時の夫は珍しく冷静に受け止めて、最終評価レポートのコピーを要求することをアドバイスしてくれた。夫は要求されなくても、部下にコピーを渡しているという。何故なら、被査定者には要求する法律上の権利があるからだという。

早速上司にコピーを要求すると、渡す必要はないと反論された。そこで、研究所の人事部に問い合わせしてみては……と主張して同部に電話を入れさせると、係りが来てくれて、夫のアドバイスが正しいことを認めてくれた。その年を含め、その後の評価レポートのコピーを自動的にもらえることになったが、この一件からこの上司は私を軽視しなくなったものの、様々な場面で人種偏見を感じさせる態度が継続的に垣間見えた。その一方で、私のプロとしての腕を認めざるを得ないことに、多少の相反する感情がうごめいているようでもあった。それは、私がもう under dog ではないことの証明であったのかも知れない。

研究所には連邦政府から Higher Education（インターンシップ研修）基金が支給されていたので、ソーシャル・ワーク、心理療法、音楽療法、言語療法、聴覚検査士、栄養士などの分野で修士と博士の資格を追及している学生たちを、十ヵ月間トレーニングするプログラムを提供していた。医学生たちのための発達障害に関する単発講座もあり、各科から研修生のために実習プログラムが組み立てられていた。私は言語療法科の中の「重複心身障害—盲聾プログラム」研修プログラムをリードする役目を負わされた。研修生たちは専攻分野だけではなく、近接分野のすべてのプログラムを履修することが義務づけられていた。そして十ヵ月後、研修最終日にフィードバック紙を渡されて、どの分野の研修がもっとも有効であったかという設問を筆頭に、不満や希望などを記入する。毎年「音楽療法」と「重複心身障害―盲聾プログラム」が「もっとも有効」のトップ争いとなった。音楽療法士のヘレンは才走ったきついユーモア感覚の持ち主で、有能な臨床家だった。患者にオートハープの操作をさせて、精神科医や心理専門家が見落とした部分を拾うことができる彼女に、私はプロとして大きな敬意を抱いていた。また彼女と私は、言葉の発達と音楽療法との有機的相乗効果に関する研究プロジェクトを立てたこともあり、個人的にも親しい間柄だった。現在も交流が続いている。

このHigher Education研修プログラム五年目、トレーナーのリストからヘレンと私の名前が除外されていた。ヘレンは怒り狂って「問い合わせをしよう」と私を誘ったが、私はこの仕事以外にも、地域施設職員の訓練プログラム、コミュニケーション・セラピー、更に発達障害児を帯同してきた日本人駐在員家族のために発足させた自助組織の運営などで、くたくたになっていた。だから、荷物を一つ降ろしてもらって良かったと思い、問い合わせも、まして抗議することもしたくなかった。

「ヒサコ、考えてもごらんなさい。あなたは日本人で、私はユダヤ系でしょう。生粋のＷＡＳＰ（アングロサクソン系白人新教徒）じゃない私たちが毎年トップを争うことになったことが、彼らには耐えられなくなったのよ」と、ヘレンが息巻いた。

しかし、私たちを排除した組織委員会の顔ぶれはＷＡＳＰばかりではなかった。イタリア系、アイルランド系がいて、中でも影響力のあった一人の委員はユダヤ系男性だった。

「ヘレン、問い合わせてもいいけど、あの顔ぶれだと、どうせもっともらしい事を述べ立てて、あなたの怒りを刺激するだけだと思うわよ。多分、音楽療法と盲聾分野の研修生の受け入れを止めることにしたと言うでしょう。抗議されたからといって、あなたを戻す可能性はないように思うけど。でも、納得がいかないいなら除外された理由を問い合わせるぐらいはいいかも」

数日後、ヘレンは「不愉快になるだけのようだから、無視することにした」と言う。

「ヘレンも私もＪで始まる（Jew, Japan）国の血を引いている者同士、仲良くしましょうね」と、冗談を言いながらこの危機をやり過ごした。その後は顔色も変えず、淡々と日勤して果たすべきことに専念した。トレーナー選別者の一人だった上司も何事もなかったかのように私との関わりを保っていたので、それで十分だった。

この部署でも、私は何故か同僚や研修生の相談相手にされていて、この上司に関しても愚痴や批判を聞かされることがあった。そんな時、私はいつも同じことを告げたものだ。

「彼女を太陽と思いなさい。近づきすぎると火傷します。遠すぎると恩恵を受けられません。私も距離感を毎日測って、何とか長続きしているのです」と。

もう一つのエピソードを書き添えよう。

前記したように、私は一時期、東京のある社会福祉専門学校がフォーダム大学で夏期講座を受けていた数年間、そのプログラムの一部と関わっていたことがある。ある年の夏、私は講義に必要なビデオのコピーを研究所のメディア部に要請していた。この部署にはイタリア系白人男性の主任と、ジャマイカ系黒人男性のアシスタント二人が働いており、一週間以内に作ると約束したのは主任だった。一週間過ぎてもコピーがこないので、問い合わせると忙しいので数日待ってくれと言う。待ったが、コピーができてこない。そこで、二度目の問い合わせをすると、又数日待ってくれと言う。三度、四度と請求すると、同じ返答しか返ってこない。主任の言葉はあくまでも丁寧で、声音は平静だが、それまでに私が調べたメディア部の状況とは相反する応答に不信感がつのった。

そこで、普段から親しくしていたアシスタントが私の部屋に立ち寄った際、事情を尋ねると、彼はためらった後、「ミセス・カニングハム、告げるかどうか迷っていたのですが、実はあなたのビデオのコピーを作ろうとする度に『主任があの〝ジャップ（日本人に対する蔑称）〟は待たせておけ』と言って、させないのです」と言う。

やっぱり、サボタージュ（サボる）されていたのだ。

「本当なのね？　じゃあ、所長に苦情を持っていくことにするけど、あなたを証人にすることに反対するかしら？」

「いいですよ。僕だって日頃から彼には腹を立てているので、喜んで証人になります。ただ、知っておいた方がいいことがあります。彼と所長夫妻は、ヨットを共有している仲なので、所長がどこまであなたを支持するか分かりません」

所長の夫なる人物も同じ研究所の職員であり、妻の配下という立場である。

私は彼らのそんな私的関係を知らなかった。これは一工夫が求められる事態だ。

早速「人権局」に相談しに行った。中年の白人男性が親切な対応をしてくれた。〝ジャップ〟という人種差別用語を聞いたという証人が二人以上いたら、これは立派な差別事件として提訴できるので、もう一人いるかどうか探すことをアドバイスされた。

探したが、この差別用語を聞いているのはアシスタント一人だけなので、これは立証には程遠い。考えたあげく、フォーダム大学の夏期講座を運営している教授の力を借りることにした。私が書いた所長宛ての書面を同教授に見せて、その背後事情を説明すると、一も二もなく協力してくれた。書面の内容は最初のビデオコピーの要請日、問い合わせ日、請求日、そしてビデオを必要とする日を列記した上で「メディア部の作業が遅いことを案じている。所長からのメディアに対する働きかけをお願いする」と言う意味を盛り込んであり、教授と私の署名が連記された。

この時に、この一件と直接関係のないことだが、重要なことを学んだ。それは、私の英語の書面はそれまでに、二人のアメリカ人（両人ともに、修士保有者）の推敲を経ていたにもかかわらず、教授が手を入れることで格段に洗練された英文に変化したことだった。英語力の違いが、これほど明らかな結果を生むことに強く印象づけられると同時に、英語習得の手ごわさも痛感した。その体験があるからこそ、リタイア後も、私は毎年アルバート・アインシュタイン医科大学付属研究所の春の講座に戻って、専門分野の英語力の維持と、新情報を得るように努めている。

書面はすぐ所長に届けた。驚いたのか、所長が私の部屋に現われた。部下が所長室に呼び出されるのが普通なのだから、彼女の驚きが大きかったことがしのばれて、私は正直に言えば不遜と思われるかもしれないが（来て当たり前）という気持ちだった。それくらい、腹を立てていたのだ。そもそも、所長が夫ぐるみで部下とヨットを共有するなんて、公私の区別がつかない思慮に欠けた行為ではないかと、詰寄る気持ちもあった。

彼女は開口一番、「ミセス・カニングハム、これは一体どういうことなのか、詳しく話してください」と、勢い込んで入ってきたわりには穏やかな口調だった。

「書面にある通りなのですが、そこに書いていないことを、これから申し上げます。熟慮したうえで、そうすることにしました。よろしいでしょうか？」

彼女は少し微笑んでうなずいた。

「お耳に痛い話ですよ。実は……」と、メディア部のアシスタントから聞いたことをベースに、人事局に相談したことと受けたアドバイスについても説明し、「特に申し上げたいことが二つあります。一つは、所長がご主人共に個人的にメディア部長とヨットを共有しておられて、そのことがメディア部主任を思いあがらせていると私は信じます。だから、この主任が私について〝ジャップ〟というepithet(人種差別語)を聞いたという、あと一人の証人が見つかったら、私は人権局のアドバイスに従って、彼とこの研究所を提訴することを躊躇《ちゅうちょ》する気はありません。もう一つは、メディア部のサボタージュが、いずれ研究所の名誉を傷つける可能性があるということです」

彼女の顔が真っ赤になった。私は、一歩も引く気はなかった。京都時代に味わわされた屈辱的な立場を、二度と自分に許してはならないという決意がそうさせていた。はっきりと〝ジャップ〟という差別語を使われた以上、この状況を見過ごしたら、私は自分自身を一生許せなくなる。日本人としての誇りがかかっているのだ。結果がどうであれ、戦いを挑んだことに後悔はない!

「よく分かりました。メディア主任には私から注意しておきます。夏期講座に間に合わせるようにさせます。日本の学生たちと研究所のために、いい講義をしてください」

気がついたら、三〇分ほどの間私たちは立ったままでいて、私の独演会となっていた。十分に作戦を練り、あくまでも礼を失わず、理論的に、そして相手と研究所に対する配慮と覚悟をこめて対応できたことに、私は満足感を覚えた。(この国で私は成長したな)とも思った。そして、影が濃いのは太陽が射しこんでいる証拠のように、是正されつつあるとは言え、地下水のように人種偏見が潜在している国で、だからこそ人権を守るための法律上の手続きがあることに感動さえ覚えた。そのことをバックに、私は自分の作戦を練ることができたのだ。京都時代の苦い体験を思い起こして、（何と風通しのいい国だろう！）……私はアメリカに根を下ろしていいかもしれない。

勿論、メディア主任は手のひらを返すように私への態度が好転したが、私は彼に対して気を許すようなことはなかった。所長夫妻とメディア主任とのヨット共有は続いており、所長に対する疑念は拭い切れなかったが、少なくとも彼女には理論的な話は通じることに、いくばくかの信頼感が私の中に生じた。

この後にも大なり小なりの出来事があったが、私の態度は一貫して主張するべきことは主張をすることに終始した。一方でプロとしての基盤を忘れず、人間としての品位を落とさないことを信条とし、洗練された英語力を心掛けて、リタイアするまでの約二十三年間を何とか勤め上げた。その間に同僚たちとの信頼関係が培われ、個人的な関わりの中でアメリカ社会のいろいろな側面を知る機会も開けた。研究所の近所にあるディナーシアターの割引券も、シアターに従兄弟が働いている同僚から時々貰って、ブロードウェイで上演されているミュージカルの復演を楽しんだものだ。その頃出演していた役者たちの中には、今は名を知られる存在になっている者もいる。仕事に追われる日々だけではない二十三年間だった。

私がリタイアした時点で、研究所創立当時から残っていたメンバーは、私の上司と私だけのたった二人だけだった。上司のマリリンも契約審査の連戦を勝ち取ってきたのだ。性格的には偏った人ではあったが、患者中心で専門分野の知識も広い人だったから、その点では私も少なからず尊敬と信頼を寄せていた。それが、彼女の部下として私を長続きさせた大半の理由である。

私がリタイアして十年以上過ぎたある日、昔の同僚に偶然出会った。彼女は他の職場に転職していた。「先だって研究所に立ち寄ったら、ヒサコ、あなたのことが話題になったわよ。マリリンがとても懐かしそうに言っていたわ。『ヒサコは良心的で、道一筋のプロだった』と」

研究所では毎月一日「有給病欠」が与えられていたが、私は健康に留意して生活を節制しているせいか、風を引くことも少なく、多少の体調不良も振り切って精勤した。時々、秘書や同僚たちから「ダメねえ。病欠を貯めても、辞めたり馘首になったり、定年退職の時は捨てることになるのよ。だから、口実を作って病欠は使っておけばいいのに」と、よく言われたが、私の仕事は患者さんに直接セラピーを施すことで成り立っているので、聞き流すだけにしていた。

ニューヨークは青森あたりと同じ緯度にあり、冬は運転には危険な気象が度々襲う。それこそ雨が降ろうと槍が降ろうと、手に汗握るような運転をしながらでも通勤するのが私の基本的な姿勢だった。要するに「大和撫子」のはしくれを実践していたことが、定年退職ではなくて、研究所が縮小に伴う早期退職者を募った際に、大きな利益となった。私は六十五歳でリタイアするつもりだったが、三年前倒しになった六十二歳で、様々な条件の良い「退職パッケージ」を掴むことにした。その時点で、本来なら無駄になるはずだった「有給病欠日」が、二十三年の間に二百日余り溜まっていた。その日数に未使用の有給休暇がプラスされて、二百数十日の半分が現金支払い、残り半分がニューヨーク州年金に振り込まれた。

上司は馬があまり合う人ではなかったにもせよ、私の仕事ぶりには一目置いてくれていたのだ。

あの頃は、本当によく働いたと思う。

第五章

異文化適応のプロセスを考える

「国際感覚」って何？

日本では「国際理解」という言葉が頻繁に使われている。この言葉は第二次世界大戦が終わってから三、四年の間に、お目見えするようになったと思う。第二次世界大戦開戦は私が小学校に入学した年であり、終戦は五年生の夏であった。新しい教育制度が敷かれて六、三、三の義務教育年限最後の三年間をフルに履修したのが、昭和九年生まれの私たちである。初の男女共学中学生としての三年間、それまでの「軍国主義」でがんじがらめだった社会をひっくり返す「民主主義」教育の洗礼を受けて、足りない物ばかりではあっても子どもの世界は明るかった。

その頃、新しい科目だった社会科の教科書に「国際理解」という言葉が出ていたかどうか、記憶が定かではないが、父が「これからは、国際理解がなからんば日本は繁栄せんぞ」と言っていたことを考えると、この言葉は新聞紙上に登場していたのだろう。五島の福江の町も鬼岳山《おんだけさん》に飛行場があったために、アメリカの駐留軍が駐屯していて、アメリカ兵たちと街中で出会うことがあった。好奇心の強い父は彼らに関心があり、機会さえあれば接触を持とうとした。

あの当時、日本で言う「国際理解」とは、外国、特にアメリカに関する知識を取り込み、そのことをベースに、それまで日本人が持っていた知的作業の幅を広げるといった意味合いがあったのではないだろうか。戦時中、英語の野球用語さえもおかしな日本語に置き換えられるほど敵視されていた国アメリカが、日本人のあこがれの国に一転してしまうのにそう時間はかからなかった。
「国際理解」度は、対象国に関する知識や情報の量に概ね比例するもので、実利的な作業に他ならない。しかし、「国際理解」を満たす条件として、テクノロジーのような今や世界中で共有されている分野以外の、政治、宗教、文化面の人間心理に深く根ざした分野に対する理解が不可欠になっている。従ってこの作業は、心理学的に言えば「心理的拡張」つまり主観を離れることを、受ける側に負わせているわけで、これが容易なことではない。「心理的拡張」、つまり感性の幅がより広く深いことが求められるのであり、そうすることが「国際理解」を養う土壌……「国際感覚」を豊かにするのだと、私は自分自身の体験観察から信じるようになっている。「国際感覚」という日本語は英語のSensitivity（感性）とSensibility（良識）の意味の混合と、私なりに考えている。

私がこの言葉にとらわれるようになったのは、アメリカに留学して来て、様々な状況に振り回される状況の下、キャリアを積んでいく過程で起きる心情を分析し始めた頃である。ニューヨークで四苦八苦しながら英語でのコミュニケーションを、それぞれの出自文化を背負っているアメリカ人相手の約半世紀は、英語にだけではなく、日本語にも敏感になるという副産物を生んだ。日本の文化に比べて、曖昧さを許さないアメリカ社会でプロとして生き延びるために、英語に長けることは最低条件である。その最低条件と今も取り組みながら、日本語の「国際感覚」にこだわるのは、私自身が異文化適応のプロセスで、その言葉自体を生きてこざるを得なかったからである。

英語が世界共通の「コミュニケーション・ツール」として使用されている現状に即して、日本の文部科学省が英語教育に力を入れているのは、その終極目標が「国際競争力」の涵養にあると考えられる。要するに、国の経済力の下力となる人的資源に英語力をつけさせることが必要と考えた、国家政策の一つであることに間違いはなさそうだ。

この英語熱は、アメリカに来ている駐在員家族の中でも顕著で、外国語は幼い時に始めるほど効果が高いと盲信している傾向が強く、いきなり幼児を英語環境の保育園に入れてしまう例や、日本語環境の幼稚園で「年長さん」になると、英語環境の保育園に転園するケースは多い。帰国一年前になってから、せっかくアメリカに来ているのだからと、突然日本人学校から現地のアメリカ人学校に子どもを転校させる親たちもいる。こんな保護者たちは、英語教育を物のやりとりのような物理的レベルで考えている傾向が高いのではないか。言葉はその国の文化、習慣、心理に根ざしており、外国語の習得には知的基盤と情操の幅の広さが求められるものなのである。そして、その国に深くコミット（自分を託す）することで英語を使用しているうちに心理的な葛藤も深まるのが常であり、その度に心理的な血を流すことになる。このプロセスを経て、初めて新の意味での「国際感覚」が育つのではあるまいか。これまでの私自身の狭い私的体験・観察をベースに、こうした見方と理解に至っているのだが、他の在米日本人たちは、滞米期間、渡米目的、職場と生活環境などの差異によって、違った視点を持っているに違いない。

日本語でしか表現できない気持ち、英語でしか伝えきれない気分などがあり、その度に、心理的な切り替えが必要になる。国連の同時通訳が十五分交代制になっているのは、言語の切り替えの度に心理的越境が必要なので、十五分の限度を越えた同時通訳を続けていると、統合失調症を起こす危険があるとさえ言われている。

前述したことだが、私は一九七四年当時、ニューヨーク医科大学付属研究所に就職して二年後に、異文化適応を急ぐあまりに「失語症」的な症状を起こし、十ヵ月間ほど苦しんだことがある。その時、私がアメリカについて理解、いわゆる「国際理解」していたことの限界を知り、回復途上で「国際感覚」は心理的に血を流すような経験がなければ備わらないことを体感した。とは言え、私の場合は例外なのかも知れず、さらさらと感覚的な取り込みを果たしたと自認している日本人は、数え切れないほどおられることだろう。

表出言語を取り戻そうと努力していた時期に出会ったのが、Adler, P の「カルチャー・ショック五つの位相」である。読みながら、（ああ、そうなのだ）と納得した内容だった。それは、①好奇心　②混

乱と孤立　③再統合　④自律　⑤独立に分類され、それぞれの位相の解説が、私自身が揉まれていた、当時のアメリカ文化適応状態を解明してくれたからである。

その五つの位相と、私自身の適応ステージとを噛みあわせると、次のようになる。

一、好奇心―この時期には見る物、聞くもの、食べる物すべてが珍しく、生活面では出自文化に共通な要素に頼りながら生き延びる。

私の心情―マンハッタンのビルは日本の大都市と同じ。キッチンも椅子生活も珍しくない。ただ、ステーキが皿からはみ出るほど大きいことにエキサイトし、キャンパスを走り回っているリスがびっくりするほど大きいことや、真っ黒なリスがいるのが珍しく、スーパーの食材に圧倒される日々。毎週末に通ったメトロポリタン美術館で絵画を鑑賞する喜びと感動。（一時滞在日本人たちの多くが、このレベルを越えることなくアメリカを離れる）

二、混乱と孤立―異文化生活に深く入っていくに従って、出自文化の尺度が当てはまらなくなり心理的に混乱してくる。混乱が深まるにつれて「独りぼっち」な思いにとらわれるようになる。

私の心情—感情をすぐ顔に出すアメリカ人に戸惑う。同僚たちのわがままと思えるような自己主張。教師の研修会で傘を盗まれて呆然。ピザ店で私が誤って足元に落とした五ドル紙幣を攫《さら》っていった子どもの行為に唖然。がんがん自己主張はするが約束を守らないインドからの留学生たちに対する反感。共感を分かち合える相手がいなくて、私は「島流し」にあっているような孤独感に悩まされる。そして、日本で読んだアメリカ物が必ずしもニューヨークの冷厳な実態を伝えていなかったことに気づく。この頃の私の目には、ニューヨークのアメリカ人は非常に荒々しい階層と、日本の倫理観に通じるものを持った薄い階層の二極に分解していると見えた。今もその考えは変わっていない。

三、再統合—フラストレーションが高まり、異文化環境に敵意さえ感じ、自尊心が高まるが、それは自分が従来持っていた生活感覚尺度と違った尺度が相反しながら、適応の境界線上にあることを意味する。

私の心情—アシスタントが遅刻してきてもけろっとしていることにイライラ。ベトナム戦争中なのに、博士の資格を持っているのにベトナムがどこにあるのか知らないことや、クラシック音楽を好きな私に驚かれたことに驚く。スーパーの多くのレジが釣銭をごまかすことに敵意を覚える。日本人の倫理性の高さを改めて思う。とりわけ親切なアメリカ人との出会いに、アメリカ社会を構成している天と地ほどの違いのある複雑な人間模様を手ごわく感じる。少しでも安定した心理的スポットの手探り。

四、自律―それぞれの文化差や共通性を正当と認め、他者への共感が深まり、異文化環境の取組に積極的になる。

私の心情―研究所での一連の出来事を通して、アメリカ文化の懐の深さを知る。個別の信念で行動する普通のアメリカ人たちに対する驚きと尊敬。交渉スキルの重要性に目覚める。日本で聞いたことのなかった「ソーシャル・スキル」の重みを知る。プロとして成功している人たちの中に、日本の倫理観と共通するクオリティー（質）を発見して、大いに共感。次第に、アメリカ人とその社会に対して客観的視点が働くようになる。

五、独立―文化的差異や共通点の客観的評価と意味付けができるようになり、異文化に対する信頼や愛情が生まれる。そして異文化との内面的な融合を果たしながら、創造的な二つの文化の統合の実現に至る。

私の心情―日本人駐在員家族が帯同してくる発達障害児の、英語環境への適応問題に介入するようになって、日米コミュニティーに少し貢献できるようになると同時に、日米文化や教育システムの差異に目が開かれる。日本人としてのアイデンティティーをもとに、アメリカ文化を裁くことが少なくなり、両方のポジティブな側面を組み合わせて、自分なりの貢献を図ることが楽しくなってきた。アイデンティティーとは何か？　について考えを巡らすようになる。日本語になりにくいこの英語が、異人種が混在する文化・社会の中で暮らす人々が、「私は誰？」という自我意識に根差した言葉であることに、理解が及ぶようになる。

この最終段階に到達するのに、五、六年かかった。この最終レベルが、理想的な「国際感覚」と「国際理解」を象徴するものと思われる。それでも、今もって（一）から（五）を行ったり来たりして、その度に新しい刺激を受けている。特にシニアの組織でのボランティアは、内輪話がはずむ程度に応じて考えさせられたり、目新しい事情を知ったりする機会にもなる。移民としての身につまされるような話から、私もアメリカ社会に組み込まれている一人であることを実感したりする。

更に言えば、位相（三）から（四）にかけて、私は政治家が主催する会や、弁護士が無料で開く講座に積極的に参加するようになった。この国でより良く生きるためには、生活に密着した法律上の知識を知っておくことが助けになることを自覚し始めていたからである。五十年もこの国に住んでいるのに、英語力も十分でなく、福祉関連の情報に乏しい日本人たちからの相談を受けることがあって、「知らない」ということは「損をすること」と同義語であることを実感するようにもなっていた。

日米両サイドに微力ながら貢献し、外務大臣賞受賞の対象となった「ニューヨーク臨床教育父母の会」創始は、私が位相（三）のステージにあった頃だった。

日本人学校に「特別支援教育」を

在米日本人発達障害子女のために一九八二年七月、私は、当時、ニューヨークの発達障害者組織の一つで働いていた山崎文代先生と共に「ニューヨーク臨床教育父母の会（Services to Parents of Exceptional Asian Children）」発足させ、英語の頭文字を寄せて「SPEAC（スピーク）」という略称を使った。Speak（話す）という英語と同じ発音であり、大いに口を開いて悩みを話し合う会でもあった。この会をつくった動機は、知的発達障害を持った一人の日本人児童との出会いからだった。

当時、海外在住の学童期にある日本人児童は約四万人おり、アメリカ東海岸にはその約十パーセントに当たる四千人が住んでいた。一九八〇年代半ばから駐在員の若返りが始まると同時に、学齢前の児童を帯同する家族も増えた。日本では文部科学省の調査で学齢児童の七パーセントの発達障害児が浮かび上がっており、アメリカ東部の四千人の中にも障害児が含まれていた。

日本人学校からはじき出された日本人障害児は、居住先の現地校に入学するしかなかった。事実、一九七七年頃よりアメリカ人教師たちから、日本人障害児の扱い方について、しばしば私の勤務先の研究所に相談が入るようになっていた。それが年を追うごとに頻繁になっていていたために、日米両サイドのニーズに応える必要が生じていた。

現地校も日本人保護者たちも、現地校の特別支援教育法規内での日本人障害児の扱いが、まだ明確化されていない時代だったので、アメリカ側も日本人保護者も手掛かりを求めて右往左往することが多かった。「SPEAC（スピーク）」は両サイドのための、いわば交通整理の役目を果たす最初の自助組織であり、アメリカの教育現場に日本の教育文化や家族文化を伝え、日本人保護者にはアメリカの特別支援教育のサービス内容や、法律上の手続きなどを手引きした。

私はともあれ、自宅を開放して「スピーク研修会」を三ヵ月おきに、年四回開催した。駐在員家族はいずれ、日本に帰国したり、又は別の国に異動させられたりするので、運営の仕組みは「できる人が、できる時に、できることをする」をモットーにした。そのために多くの事務的作業が私の肩にかかったが、少しも苦にならなかった。時には保護者が子供と一緒に研修会案内状の郵送を手伝ってくれた。今なら、E-Mailで一斉にご案内ができるが、あの頃は案内状の作成とコピー、宛名ラベルや切手貼りなど、時間をとられたものだ。研修会準備も大に協力してもらって、椅子を並べ、スナックや飲み物の準備、そして研修後の後片付けなど、労をいとわない日々であった。この研修会は「スピーク」が二〇〇三年に閉会するまで、一回も欠けることなく続いた。

「スピーク」が果たした大きな役割の一つに、「日本人学校に特別支援サービスを」がある。健常児にも辛い異言語の教育環境は、障害度によって差があるものの障害児にとっては、はなはだ不利である。現地校もこの子どもたちの教育に戸惑い、一時滞在者で市民ではない家族の子どもたちのために、教育費を負担することへの反発感が地域から出始めていた。当時、一人あたりの特別支援教育費は普通教育費の約二倍から三倍といわれており、地域市民の反発感は日本人児童の在籍数が多い学校ほど高かったことはいうまでもない。この教育費の比率は日本でも同じである。

マンハッタンから三〇マイルほど北にあるスカーズデールに、日本人駐在員家族が増加の一途をたどっていた頃、町のミーティングが開かれた。その時、住民たちから公立小学校に増えた日本人子女の教育が「問題」として議題に上がったことがある。ポイントは「一クラスに四、五人の日本人児童が入っていて、英語による教育の妨げになっている」「一時滞在者のために我々の税金を使うことに対して疑念あり」だったと聞き及んだ。そこで、知り合いのＥＳＬ教師（英語を母国語としない生徒のために設置された英語教師）にその確認をして、私なりに駐在員家族の生活について伝えたことがある。それは次の二点だった。まず、駐在員も税金を納めていること。しかも収入は高い方なので納税額も高い。もう一つがソーシャル・セキュリティー税も納めているが、これは十年間納めないと掛け捨てとなり、かけ捨てられたものはアメリカ人が受ける恩恵となること。ほとんどの駐在員の駐在期間は十年以下だった。彼女はこの説明を地域住民たちにできるだけ伝えることを約束してくれた。幸いなことに、彼女はアメリカが不法入国者の子どもであっても、義務教育を施すことになっていると、その関連資料を見せてくれた。（※ソーシャル・セキュリティー税は十数年前に改正となり、掛け捨てにならない）

だが、他の近隣コミュニティーの日本人児童増加はとどまることを知らず、発達障害児の数も増えてきた。ばらばらに把握しているだけでも、百人を越えていた。アメリカでは五歳からの特別支援教育法が一九六五年に施行されて、同法律が改正されながら「誕生から二十一歳まで」が発達障害を持っている子女への無料義務教育が約束されている。とはいえ、英語を理解できない日本人障害児は、体験したことのない環境に適応できず、アメリカ人教師たちも困惑していた。

「いずれ、日本に帰る子どもたちじゃない。発達障害があるからこそ、母国語の日本語での教育が必要でしょう?」というのが、アメリカ人教師たちの見解を占めていた。日本人保護者たちも、できるものなら、そうしたいのだ。

そこで、ニューヨークに既存している日本人学校に「特殊教育プログラム設置(元文のまま)」のお願いをニューヨークの関係者たちに交渉したが、出鼻から官僚的拒否に出会ってしまった。一九八五年夏のことである。話し合いは拙宅で行われた。その時参加したニューヨーク領事館の文化担当者と土曜補習校校長の発言は、今もって私を激昂させるものがあった。

話し合いに参加した保護者たちは「見込みがないから、止めた方がいいかも」と言いだすほどだったが、私は諦めきれなかった。適正な養育や教育介入があれば、発達障害児たちは潜在能力を伸ばすことができることを見てきたからである。

三年後、私は日米両サイドの地域から、嘆願書と三千四百七の署名を集めて、初めて請願書を日本の文部省(現在の文部科学省)に提出した。政界への橋渡しや、朝日新聞の取材記事などに助けられて、それから二年後にこの運動はやっと実を結んだ。一九八九年一月一八日、日本の主要な新聞が「特殊学級が開かれる」ことについて報道した。最初の話し合いから五年。それぞれの支援に限りない感謝を捧げると共に、この運動は政界の仕組みを垣間見る、かけがえのない好機となった。

ところが、国会が請願を認めて、日本人学校に特殊教育資格のある教師を送ることを約束してくれたことを喜ぶには早すぎた。半年が過ぎ、一年が過ぎ、二年が過ぎても、特別支援教育が始まる気配はない。署名集めにもっとも協力してくれた研究所の一人（黒人女性でソーシャル・ワーク分野の博士号有資格者）が、定期的に「教師は着任したか？」と私に問う。彼女ばかりではない。日本人児童が在籍している学校の教師たちからも、しばしば問い合わせが入った。私も領事館を通じて調べてもらったことを伝える努力をしていたが、いつも「人選をしている。もう少し待ってほしい」と同じ返事なので、不安感と疑念が私自身の中にも湧きつつあった。

そんなある日、上述の同僚が言った。

「ヒサコ、日本人は優柔不断なのね。いつになったら、この子どもたちが助けられるの？　あの、話は違うようだけど、日本人が作って売っている物を購入しているのは、白人ばかりではないのに、日本人の会社に応募した黒人は排除されているという現実があるのを知っている？　日本人は黒人ばかりでなく、同胞の発達障害児も差別するのね。こうなったら、差別反対運動を起こしてもいいと思っているの……」と。

正直、困った！

彼女は全米黒人連盟のメンバーであり、政治的な野心も持っていたことを私は知っていた。だから、彼女がどんな大義名分でも旗印にかかげて運動を始めれば、彼女の知名度は上がり、彼女の政治家としての道が開かれるであろうことは、容易に想像できた。

「あと半年待ってみて。もし、それまでに日本人学校に特別支援教育プログラムが実現しなかったら、あなたと一緒にニューヨーク領事館の前で座り込みでも何でもやるから」

何の根拠もなくそうは言ったものの、その後の不安と言ったらなかった。幸いにも、半年以内に特別支援教師がグリニッチ日本人学校に赴任し「アップル学級」が設置された。赴任してきた初代の石原先生は有能で、保護者たちからは三年の契約期間延長を請うたほどだった。教師は入れ替わりながら、今もこの学級は運営されていて、コーディネーターも一人雇用され、軽度発達障害生徒の「取り出し教育」が提供されている。

二〇一四年一二月、請願書は行政文書保管期間を超過しているために、もう閲覧ができなくなっていることが、成徳大学の那須野三津子教授の調べで分かった。コピーは私の手元にあり、請願に関して届いた日米からの手紙や、関連記事や写真を加えると三キロ近くもある。だが、運動に関わった人たちの切なる願いには、測りきれない重さがあった。その重さを背負わされたからこそ、執念を果たすことができたのである。

更に言えば、この作業こそが、アドラーの五番目の「独立」レベルに達するプロセスを、もたらしてくれたのだと思う。

1988 年 12 月　衆議院文教委員長　中村靖議員にニューヨークに特殊教育教員派遣の嘆願書と署名を提出。

この人

NY日本人学校に特殊学級開設を訴えに来日した

カニングハム・久子さん

政府と企業に理解求める

ニューヨーク日本人学校で日本語による障害児教育が実現するよう政府に陳情するために来日した。国会に出した陳情書にはカニングハムさん(54)らが集めた六百五十六人の米国人を含む約三千四百人の署名が添えてある。

「障害をもつ駐在員子弟は現地校で英語による特殊教育を受けざるをえない。彼らには手に余ることだし、アメリカ人教師たちも成果が上がらないことでストレス状態にある」と訴える。

ニューヨーク州のウェストチェスター郡立医療センターにある精神薄弱研究所で視聴覚障害臨床プログラム主任を務めている。仕事柄、障害を持つ日本人子弟の親やその担当の米国人教師から相談を受けて来た。

昭和五十七年には、相談窓口としてニューヨーク臨床教育父母の会（SPEAC）を結成した。今回の来日は、三日に発足した同会日本支部の設立に立ち会うためでもあった。

「アメリカでは特殊教育が法的に整備されており、日本人子弟もそれを享受できる。日本からも応分の援助があってしかるべき。それなのに何の援助もしてくれない日系企業が多い」。今回の署名を集めた時、「ウチの社員には障害のある児童を持つ者はいない」とにべもない企業があったという。

渡米したのは四十二年、三十三歳の時だった。京都の大学で英語を学び、卒業後は古都を巡る外国人観光客のガイドをしていたが、交通事故で歩行が不自由に。心機一転、アメリカの大学院で障害児教育を学ぶことにした。

以来二十年以上にわたるアメリカ生活で、異文化に適応することの難しさを身をもって知った。渡米七年目にはストレスから失語症に近い症状にもなった経験もある。

「『外国に適応できないのは怠けているからだ』と言った日本人学校の校長がいる。とんでもない。彼らは毎日ギリギリのところで頑張っているのです」

もっとも、異文化を恐れて日本人だけで固まりがちな駐在員夫人には批判的。「横並びや集団を意識するあまり、異質なものを排除しすぎる日本社会を変えるためにも、日米双方の文化を身につけて欲しい」と言う。

その意味でも帰国子女に大きな期待を寄せ、このほど「海外子女教育事情」（新潮社刊）を出版した。英国出身でエンジニアの夫と二人暮らし。

日本経済新聞　朝刊　1988年12月14日掲載

第六章

アメリカで出会った人々―運命

ローズ・エッカス

ニューヨークに来たばかりで、奨学金の支給先でもあるニューヨーク寄宿舎制盲学校のキャンパス生活には、戸惑うことばかりだった。アメリカ人の教師たちが嫌う週末や、朝早く夜遅い当番のこと、図書館での自習生の監督・指導などに加えて、職員と共にするテーブルがどれなのか、ダイニング・ルームでの決まりごとなどを誰も教えてくれず、うっかりしていると食事の時間が過ぎてしまっていることもよくあった。奨学生たちに手引きする責任者が決まっていないことを知ったのは、住み始めて一週間もたってからのことだった。

少なくとも食事だけはきちんと取りたかったが、ハンター大学から帰ってくる時間帯が夕食の時間を越えていると、私のために準備されていたサンドイッチ（ランチがディナーと呼ばれてちゃんとした食事であったが、夕食は簡単な物ばかりだった）は、冷蔵庫にあった。その冷蔵庫の扉には頑丈な錠前がかかっていて、鍵を持っているキッチンの働き手は帰ってしまっていない。お腹を空かしたまま就寝して、翌朝早い寮監の仕事を済まして食堂に駆けつけるが、朝食にありつけないこともあった。近所に手軽に食べ物を購入できる場所もなく、みるみるうちに体力が落ちて、春が来る前にひどい風邪をひいて寝込んでしまった。キャンパスの医療室に勤務していたナースがアスピリンを渡してくれるだけで、誰一人見舞ってくれるわけでもない。掃除婦のジーンがミルクで炊いたオートミールを持ってきてくれて、何とかベッドを離れることができた。これがニューヨークに到着して最初に受けた試練だった。あの心細さと腹立たしさ一杯の二十日間を忘れたことはない。

そんな時に出会ったのが、前章でも回顧したローズ・エッカスだった。ハンター大学に私の分までサンドイッチやデザートを作ってきてくれたうえに、後期の受講内容を私の受講にできるだけ合わせて選び、食物のヘルプを絶やさないようにしてくれた。両親がロシアからアメリカに移住したユダヤ系だったので、子どもの頃「汚いユダヤ人」と差別を受けたことが、私への共感の根になっていた。「辛い時はお互い様」と、ローズは眼鏡の下の目を細めて、恐縮している私に言うのが常であった。

ニューヨークでの最初の夏が来た。六月中旬からから九月初旬まで、寄宿舎生たちはそれぞれの家庭に戻り、その間キャンパスは閉校する。その前に、留学生たちは自分の寄宿先を探さねばならないことを知って、私はパニック状態になった。僅《わず》かな所持金も半分になっていて、夏休みの間のアルバイト探しも始めねばならない。

アルバイトに関しては、アメリカ人教師たちの協力で、ブルックリンのIndustrial Home for the Blind（盲人授産所）を通して、ルベラ（ドイツ麻疹＝風疹）幼児の診断査定の仕事を得た。運のいいことにこの仕事こそ、私が望んでいた分野だった。私が担当する十二人の子どもたちは、ベッドフォードスタイベサントというスラム街に住んでいた。十二人の中、十一人が黒人で一人がヒスパニックだった。しかし、私はどこからそこへ通うのか？　ローズにこのことを報告すると、「丁度良かった。あなた、私の家でHouse sitter（留守番）をしてくれない？　私たち夫婦は結婚二十五周年記念旅行で、この夏、ヨーロッパに行くのよ。息子たち二人は宿泊キャンプでいなくなるの」と、思いがけない申し出をしてくれた。ローズの家はブルックリンだった。一も二もなく引き受けて、キャンパスが閉校する前日、彼女の家に移動した。近所に住んでいたローズの母ガーティーが、娘夫婦の留守の間、私のことを何くれとなく面倒をみてくれて「ママラ、ナッシュ（おやつ）を食べましょう」と誘っては昔話をしてくれた。ロシアで迫害に耐え、アメリカに移住してからも差別に晒《さら》されながらも、「アメリカは世界一良い国よ。私たちがこうして幸せに暮らせるのだから、あなたも大丈夫」と励ましてくれた。

今なら怖くてベッドフォードスタイベサントに行く勇気はないが、当時の私は「危ない所だから気をつけて」と言われても、どう気をつければいいのか分からなかった。ただ、アパートの建物に入ると、壁が崩れて階段に積もっていたり、猫ほどもありそうな巨大なネズミが目の前を走り抜けたりすることに度肝を抜かれたりしても、終戦後の日本もこんな具合だったわ、くらいにしか感じていなかった。所在なさそうに窓から外を眺めている男たちは気味悪かったが、人身に危害を加えられるような事件は起きなかった。私は着物姿で両手に沢山の査定用の道具や玩具の入った袋をぶら下げて、バスや電車を乗り継いでの通い路を、観光気分で歩いていたのだから、「全く無知が生んだ大胆さだったのね」と、ローズたちの間で語り草になった。

ローズ夫妻が結婚二十五周年記念旅行から帰り、私のルベラ幼児たちへの調査を兼ねたアルバイトが終わった。キャンパスに戻る数日前、私の「終了記念パーティー」と銘打って、夫妻が友人たち五十人を招いて楽しい一夜を開いてくれた。その時に貰った手作りの「終了証書」には「冒険的リサーチの成功とバラブスタ資格修得を、ここに認めます」と書いてあった。「冒険的リサーチ」には解説の必要はないが、「バラブスタ」というユダヤ語の意味を知っている日本人がいたら珍しいのではないだろうか？　この意味は「優れた主婦」で、ローズが、私にユダヤ系の料理を手ほどきしてくれたことを示唆したものである。私には「バラブスタ」のスキルはもうないが、固めのベーグルにクリームチーズを塗り、輪切りの赤玉ねぎ、トマト、燻製のサーモンを乗せて朝食にする習慣は、彼女の家族と同居した夏の名残として、今も、私の好物になっている。

私がピーターと結婚した時に父親代わりをしたローズの夫サニーが先に亡くなり、ローズも十年前にこの世を去った。彼女との最後の電話の会話は悲しかった。認知症の兆候が表れていて、私に何度も同じ質問をした。「Hisako, how old are you now?（何歳になったの？）」と。ローズはどんな糸をたぐり寄せようとしていたのだろうか？

そう言えば、日本顕彰会会長もステージの上で「あーた、幾つになられた？」とおっしゃったが、会長とは初対面だったから、事情は違う。あれは不思議としか考えられない出来事だった。

ローズは、九十歳を目前にしてこの世を去った。

今、私の胸に残っている黄色いバラ、それがローズである。
私のためにニューヨーク生活の入り口に咲いていた人だった。

リリアン・ルーダマン博士

前出した聖ジョゼフ聾学校で、アシスタントだった黒人女性が勝手に辞めたあと、アイルランド系の女性がアシスタントとして雇用された。名前をマリアンという。彼女は四人の子どもの成長を待って大学に入学し、ブロンクスのリーマン大学で特別支援教育コースを履修中だった。マリアンとは一体となってクラスの運営に当たることができて、私のクラスはモデルとして学内で認められるのに時間はかからなかった。折々に外部からの見学者たちをちょっと邪魔と思うこともあったが、私とマリアンはニューヨーク市のどの学校にも先駆けて設置されたルベラ児童たちのためのプログラムを、大切に育てることに夢中だった。

ある日、マリアンが言った。

「リーマン大学の教育心理教授リリアン・ルーダマン博士にあなたのことを話したら、是非、日本の特別支援教育の現状について、クラスに講義をしてもらえないか、相談して欲しいと頼まれたのだけど、ヒサコ、承諾してくれない？」

そのことがきっかけで、リリアンと夫のビクターとの、お互い夫婦ぐるみの私的な交際が始まった。リリアンはいつも白髪の混じった髪をひっつめにして、スラックスにカジュアルなトップを組み合わせているので、少しも大学教授には見えない人だった。口元にいつも微笑を浮かべていて、滅多に怒った表情を見せたことがない。ローズの両親のように、ロシアでのユダヤ迫害を逃れた両親に伴われて、ニューヨークに移住した世代だったから、それなりに辛い思い出もあっただろうが、そのことについて、彼女が私に語ることはなかった。

リリアンは若いころオペラ歌手を目指していて、実際に舞台に立った頃の写真を見せてくれたことがある。小作りの顔がメークアップのせいで愛らしい人形のように見えると、私が言うと、普通の話声は遠慮がちで弱々しいいのに、この時はころころと透き通るような声で笑ったのが印象的だった。

そのキャリアを諦めて、「心理学」を専攻する方向転換の裏には幾つもの理由があったらしいが、メインは心理カウンセラーのビクターと出会ったことが動機だったと、本人は説明していた。

ビクターは白人の中でも背の高い男性で、あごひげを蓄えていたので、典型的なヨーロッパ大陸男性のような立派な「押し出し」を備えていた。ピリッと辛い抜群のユーモア感覚の持ち主でもあり社交好きだったので、夫婦ぐるみの交際はどんどん深まった。ビクターもオーストリアから移住したユダヤ系アメリカ人で、ドラキュラ（吸血鬼）の子孫だと吹聴して、シェークスピアのドラマ『ベニスの商人』とひっかけて自虐的な面も見せる、幾重にも折り重なった内面を抱いていた人だった。

私をジオニーニ医学博士が創立したニューヨーク医科大学付属研究所に紹介してくれたのが、この夫妻である。ここが私のキャリアを積む場所となったことは、前章で触れた。リリアンとの出会いは、私のアメリカでのキャリアの道を開いてくれた大きな門だった。あの出会いがなかったら、今の私はなかったと断言できる。夫妻は仕事の上での良き相談相手であり、自助組織「SPEAC」の名付け親でもある。私が夫ピーターと揉《も》めていた時、コネティカットからビクターと一緒に、真夜中も厭《いと》わず駆けつけてくれた事さえあった。

浪費型のアメリカで、珍しくも質素な生活をモットーとしていて、弱者への共感を様々な形で実践している夫妻だったので、教えられることが多かった。一方で、自宅でのパーティを開くことが多く、知的な会話がはずむ時間が楽しかった。

夫妻と初めてレストランでフルコースの食事を共にした時、私はメインの料理に手をつけることができなかったので、ウェイターにドギーバッグ（持ち帰り）にしてくれるよう頼もうとしたのを、夫が恥ずかしいから止めるようたしなめた。彼は自分が一緒のとき、私がドギーバッグを頼むことを、とても嫌っていた。それを見て、リリアンが言った。

「私たちもアフリカに行く前には、ドッギーバッグを躊躇《ちゅうちょ》したものですよ。でも、アフリカで飢えている人々を見てから、食物を捨てることを罪悪だと思うようになって……」と。

ビクターがそばで大きくうなずいた。

その日以来、夫は私が彼の残し物も一緒にドギーバッグにして貰うことに、反対しなくなったので、残り物を少し工夫し直すレシピも、リリアンから教わった。

穏やかなリリアンだったが、さすが「アメリカの女」と思わせる行為を何度か目撃したことがある。

それは、いつも他者のための強硬な発言や、環境保全に関する主張と行動だった。私の彼女への信頼と愛が年々深まり、私たちはいつ出会っても違和感を少しももたず、気持ちがいつも通じ合っているような感覚があった。別れた後に残る「風呂上がり」のような気分を味わうために、私はリリアンに声をかけられると飛び出して行ったものだ。拙宅で、毎月一回、土曜日の午後三時くらいから真夜中まで行っていたパーティーでも、リリアン夫妻は素敵な常連客だった。彼女がいつからかしばしば口にするようになった言葉がある。

「ヒサコ、私たちは前世で姉妹だったのね」

最初にこの言葉を聞いた時、私は何故か（ああ、そうなんだ、私たち）と思った。リリアンが「前世」という言葉を使ったことに、何の驚きも疑念も覚えなかった。心理カウンセラーなら、ある程度、「輪廻転生《りんねてんせい》」について考えを巡らせることもあるだろう。特にユダヤ系のカウンセラーはその宗教的な背景からも、不思議ではないと思われた。

私にとって、リリアンは仕事上の道を照らす松明《たいまつ》であり、私的には私が心許した姉であった。甘えることを自分に許さない私が、生涯でたった一人、あるがままでもたれることのできる大木だったリリアン。そんな存在だったリリアンに、ビクターが胃がんで亡くなった数年後大腸がんが発見された。毎週一回電話を入れて、できるだけ楽しい会話を交わす中で、彼女の心が弱っていくのを感じた。養子息子の家族の冷淡な行動を嘆くリリアンに、答えるすべもなく、ただ、他者のために随分貢献してきた人なのに、どうして？　という思いが募るばかりだった。

拙宅から車で片道たっぷり二時間かかる距離が、自宅療養しているリリアンを見舞いにいく頻度を少なくしていた。それでも、年に数回出かけていくと、行く度に家の前の雑草が茂っていて悲しかった。少しでも雑草を抜いてからドアのベルを鳴らすと、やせ細ったリリアンの、ひっつめにした薄い髪がほつれた顔を出す。ハグした彼女の体がごつごつとして、今にも折れそう。家に入る時も出る時も、私の胸に涙が溢れてしまう。無理に、笑えるような会話を交わすが、命の終わりが切々と迫っていることが見えることが辛かった。だが、リリアンは私の仕事に興味を持ち続けて、何をしているのか、どんな新しい情報を日本での講演に組み込んでいるのか、日本の発達障害児の教育はどうなっているのか、聞きたがった。

その頃、アメリカでベストセラーになった本がある。『Tuesdays with Morrie（訳書：モリー先生との火曜日）』（講談社）という題名で、ＡＬＳ（筋萎縮性側索硬化症）を患っている恩師のもとに、毎週火曜日に訪れる教え子が、二人の深い会話を記述したものである。日本でも翻訳されたと仄聞《そくぶん》している。リリアンは図書館から借りて読んだらしく、その感想を私にぽつんと漏らした。

「私たちも、この本の二人みたいね」と。でも、私は毎週火曜日どころか、数ヵ月に一回くらいしか見舞いに来られない不肖な人間なのだ。リリアンの寂しさが分かるだけに、私は答えようがなく、うなずくしかなかった。

それから間もなく、リリアンは病院の入院、退院を繰り返すようになり、自宅にいる時は、通いのナースと泊まり込みのナースが交代で施すケアを受けるようになった。

そして、二〇〇六年、恒例の日本での講演ジプシーを一ヵ月後に控えた九月初旬、私はリリアンに会いに行った。玄関前の雑草は五十センチほどに生い茂って、まるで空き家のような風景を呈していた。余りのことに息をのんだが、玄関脇の草だけでもと引き抜いていたら、ドアが開いて、リリアンが顔をのぞかせた。

「そんなもの、放っておいていいの。さ、早く入って」

か細い声だったが、久しぶりの訪れを喜んでいる表情を浮かべていた。ハグしたとたん、私は異様な匂いにむせて咳を抑えることができなかった。それは、リリアンの体から立ち上がっている、まぎれもない死臭だった。大腸がんの手術後つけていたコレステミー・バッグ（排便処理袋）からの匂いではないことは確かだった。

二時間ほど滞在していた間に、リリアンのクレジット・カードを誰かが無断で使ったらしく、覚えのない請求書が来ていたので、カード会社に電話を入れて交渉をしたり、ソーシャル・セキュリティ・カードも見当たらないというので、その手続きをしたりしているうちに、他の書類の中にも処理の必要なものが出てきた。まだ、頭はしっかりしていたが、リリアンにはもう根気が枯れていることを、まざまざと目にすることになって、本当に切なかった。

合間に、リリアンは様々な辛さを訴え、か細くなった声で愚痴をこぼした。「聞いてよ、病院でナースやケアワーカーが、私を子ども扱いするのよ。リリアンとか、ハニーとか私のことを呼ぶの。ほんとに腹が立って、『私はドクター・ルーダマンですよ』と言いたくなるわ」と、「ドクター」という言葉に特に力をこめて私に訴えるリリアンから、人間の尊厳を剝がされつつある痛みが伝わった。頭脳明晰で教育学博士の学位をおさめ、外交的で他者への共感を惜しまないリリアンが、こんな思いをさせられていることに、胸が詰まった。私が一緒に住めるものなら、鷹のように目を見張って彼女を見守りたかった。

「今日は泊っていかない？」と、リリアンが引きとめたが、宿泊準備をしていなかったので、申し訳ないけど……と、心こめたハグをして外へ出た。リリアンはいかにも残念そうで、ドアを開けたまま私の姿を目で追っていた。

帰りの車の中で、私はこぼれる涙を拭くこともできないまま、夕闇の垂れこむハイウェイをニューヨークに向かって走った。これがリリアンとの最後の時間になることを、強く予感しながら。

同年十一月初旬、講演先の長崎から夫に電話を入れた。真っ先に夫が言ったことは「リリアンが亡くなったよ」だった。先は長くないだろうとは思っていたが、亡くなったと聞いて喉が詰まった。聞けば、アメリカ東海岸の時間で、三日午前四時半だったとのこと。行く途を照らしてくれた松明《たいまつ》が消えた。私はこれから誰を相談相手にすればいいのだろう？　成田からニューヨークに戻る飛行機の中で、日本での講演を実施するようになってから、いつも感じるようになった後ろ髪惹かれるような思いに加えて、私は寄る辺ない渚に放り出されたような心細さを噛みしめていた。

帰着数日後、リリアンの養子に電話で問い合わせをした。せめて、「偲ぶ会」くらいは開くだろうと期待したが、死後すぐに火葬したので通夜も葬式もしなかったとのこと。遺骨の埋葬場所はリリアンの両親の墓場を予定して、自分の家に置いてあるが、弔問は断っているという。彼自身も健康状態があまり良くないようだった。

数ヵ月後、覚えのない女性の声で電話がかかってきた。フロリダからだという。「あなたは覚えていないかもしれませんが、私はリリアンの親友だったメアリー・アンの娘です。私は、リリアン宅のランチ・パーティーであなた方御夫婦に会ったことがあるのです。良かった、あなたに連絡できて。実は……」と、彼女の話が続いた。

実は、リリアンが亡くなった後、この電話の主の母親から手渡されていた遺品の中に、リリアンが残した親友メアリー・アンの娘名義の保険預金証書があったので、その受領手続きをしたところ、その保険会社から、誤って、ヒサコ・カニングハム名義の証書が送られてきた。そこで、私への連絡方法をネットで探して、電話番号を知ったとのことだった。「ヒサコ、あなたはリリアンがあなた名義の保険預金をしていたことを知っていましたか？」

茫然としている頭にかすかな記憶が戻ってきた。そう言えば、リリアンがその二十年以上も前に「大切なメモが入っているから、どんな時にもなくさないように」と言いながら、手のひらに乗る小さな箱を私に手渡したことを。その箱には天使のブローチと、私名義の預金の追跡方法が書いたメモが入っていた。だが、私はそのことについて、（お気持ちはありがたいけど、リリアン、老後のアメニティを好きなだけ買って、幸せな月日を過ごしてくださいな）という気持ちで、引き出しの奥深くにしまい込んであった。

電話の主が保険会社への手続き方法を詳しく教えてくれた。手続き後、税金、その他を差し引かれた後、二万二千ドルが送られてきた。後になって、養子息子の妻から電話があり、リリアンは殆どの遺産をアフリカの自然保護団体や、関連組織に寄付していたことが分かった。

「でも、リリアンの家は私たちの物ですからね」と、彼女の声は尖《とが》っていた。この女性はリリアンの養子息子と結婚後、リリアン夫妻の援助で大学に行かせてもらい、教師の資格を取ることができたにもかかわらず、姑のケアを逃げ回っていた。恩と言うものを知らない人間が、何故リリアンの息子嫁なのか。世の中とは真に不条理なものである。

リリアンは自然を愛でる人だった。病床についてから書きためていたリリアンの詩を、養子息子がC

Dにして送ってくれた。自然をうたった詩が多いが、病状が悪化する過程で、諦め、嘆き、祈りなどのトーンが強くなってきていることが分かる。読みながら胸が絞られ、読み返すことができないまま、そのCDはリリアンに関係したアイテムを入れた箱に仕舞ったままである。

リリアンの最期の十年間は、彼女の聡明さや、人と自然への優しさに十分に報いていないという思いが私にある。だが、この一枚のCDを作った養子の気持ちに、少し慰められた。

ドクター・リリアン・ルーダマン、八十八歳の幕引きだった。私にとって、リリアンはアメリカという舞台で、誰よりも多くの感動的なアリアを聞かせてくれた、プリマドンナであり、天から贈られた姉であった。

十字路で私の手を引いてくれた人たちが、もっとおられる。だが、ここでは二人に絞った。この章を書き始める前に、重要な出来事を時系的に書き出してみた。そして、すべてが鎖のように輪になってつながっていることに気づいて、身震いが止まらなかった。「もし、……が起きなかったら、私が進むべき方向に導いてくれる人たちに巡り合うこともなく、今の私はなかった」ことが、そこに明示されていたからである。

列記してみよう。

もし、あのバス事故が起きていなかったら、京都ライトハウス館長の鳥居篤次郎先生と出会うことはなかっただろう。

もし、鳥居先生と出会わなかったら、フランプトン博士とのご縁が開かれず、アメリカ留学はなかっただろう。

もし、留学していなかったら、ローズ・エッカスに出会うこともなく、修士習得も中断していたかも知れない。

もし、フランプトン博士が永住権取得のスポンサーにならなかったら、ルベラ児童教育分野で貢献できなかったであろう。

もし、ルベラ児童教育に携わっていなかったら、聖ジョゼフ聾学校に勤めることはなかっただろう。

もし、聖ジョゼフ聾学校で、黒人のアシスタントが辞めていなかったら、リリアンとの縁は開かれなかったであろう。

もし、リリアンとの縁が無かったら、ニューヨーク医科大学付属研究所の養護学校に勤務することはなかっただろう。

もし、養護学校が切り離されなかったら、研究所が私の最後の勤務先であり、そこでの様々な功績と言えるものを果たし、アメリカ文化への適応問題を障害のテーマとし、日本人子女の発達障害に関わることもなかっただろう。

書き出した項目を読み返して思ったことがある。私は決して生きてきたのではなく、生かされてきたのだと。そして、すべての出来事と出会いが、それぞれに次のステージをつないで、私を奈落に落とすことはなかったと。書き出す前までは、それぞれの事象を独立した意味として断片的にとらえていただけに過ぎなかった。何と言う愚かさ！

実は、三番目の項目の中に加えるべき一文がある。それは、「夫、ピーターとの出会いはなかっただろう」である。

第七章

国際結婚――ミニ国連の日々

ピーター

ニューヨークに着いた年の初夏、寄宿舎学校の音楽教師、ミス・トーディーからお茶への招待を受けた。彼女は校長のフランプトン博士夫妻の友人であり、この学校での勤続年数のもっとも長い教師だった。典型的なＷＡＳＰ（White Anglo Saxon Protestant）であり、盲学校での音楽教育は特に高い地位を占めていたので、彼女の存在はその儘《まま》、一つの大きな権威として特別扱いになっていた。

例えば、週末のランチでは、ミス・トーディーが第一テーブルに着くまでは、誰もフォークを手にしないことが不文律になっていたほどである。もう老齢に入っていたが、てきぱきと、でも優雅な身のこなしと格調の高い言葉づかいは、何だか閉まりのないアメリカ人たちの中で異色を放ち、最初に見かけた時から、私にとっては魅力的な人に映った。映画に出てくる威厳に満ちた老女を見るようで、食事のテーブルを共にするのは、決して嫌いではなかった。食事のマナーは彼女の真似をすれば間違いない。

ある日、私は単純にお手伝いのつもりで、食後の飲み物をみんなに尋ねて配ったことがある。紅茶の欲しい人には紅茶を、コーヒーの欲しい人にはコーヒーを。その時のミス・トーディーの抑え込んだような不快な表情と、同席者たちの気不味《きまず》そうな雰囲気の意味が分からず、ダイニング・ルームを出たところで、一人を捕まえて聞いた。

「ねえ、私の何がいけなかったの？」

「あなたは日本人だから知らないのね。肉の切り分けもお茶を出すのも、ホステスの名誉な役になっているの。あなたは、その名誉をミス・トーディーから不躾にも取り上げた、ということ」と、答えて肩をすくめた。

学ぶべきことは、アカデミックなことばかりでなく、生活に沁みわたっているルールもあったのだ。知らなかったとはいえ、何だか気落ちしてしまって、次の食事に行くのは気が重かった。だが、その時間前にミス・トーディーを見かけたので、思い切って声をかけた。

「先ほどのランチの時のことですが……」と、日本では新参者が気をきかせて、立ち回ることが期待されているので、ついその気持ちでやってしまったこと。そして、これからは、ミス・トーディーにアメリカでのまっとうなマナーを、教えて頂けると嬉しいのだがと、お詫び、説明、更にお願いまで加えて話したところ、彼女は私の手を取って言った。

「ミス・クボ、いい心がけですよ。私にできることは致しましょう」

それから、彼女と私はすれ違いの際にも、ちょっと立ち止まって言葉を交わすようになり、知り合いのコンサートに連れて行ってもらったり、彼女の友人宅からのディナー招待に、私も含めてくれたりするようになった。その度に、ミス・トーディーは日本の習慣や文化を知りたがっていて、パーティーの場では、私に話を振ってくることも多かった。彼女がジュリアード音楽院のピアノ科の卒業生であることを知ったのは、彼女の広い交際範囲の中にいる同窓生からだった。

だが、その日のお茶への招待は少し違っていた。と言うのも、まず、場所がキャンパス内の職員寮の彼女のアパートだったことである。彼女が私的な生活の場に人を招くのは、稀有なことだったからである。行ってみると、バスルーム付きのベッドルームと広いリビング・ルームがあり、一人暮らしとは言え、重厚な家具が備わっていた。同じ寮内でも、私の部屋は六畳程度の寝室のみだったから、ミス・トーディーの部屋をとても心地よく感じた。

そこへ、一人の男性がやってきた。名前をピーター・フランシス・カニングハムと言う。背丈は白人の間では中肉中背、濃い茶色の髪の下に、灰色がかった青い目が眩しそうに開いていた。どこかで見かけた顔だと思ったら、キャンパスで時々作業をしているメンテナンス部の Stationary Engineer（設備機器の管理技士）だった。

挨拶を交わしながら、彼の英語にアメリカ人とはちょっと違うアクセントがあることに気付いた。ミス・トーディーがお茶を勧めながら、「ピーター、ミス・クボが日本から来た留学生だということは知っていますよね」と念を押すと、ピーターは「イエス、このキャンパスに到着した数日後に」と、私の顔に柔らかい視線を移して言った。背を真っすぐにしているのに、くつろいでいる雰囲気があり、ミス・トーディーとの親しい間柄が想像できた。

「私は英国のリバプールで生まれて、子ども時代を母の国アイルランドで過ごし、成人してから英国に戻って働いていたのですが、一九六三年にニューヨークに渡ってきました」

あ、それで、彼の英語のアクセントが……ブリティッシュ・イングリッシュ独特のスタカットのきつい英語でもなく、アイリッシュ独特のブローグ（アイルランド人独特の地方的アクセント）もない、中間の聞きやすい発音の英語なのだ。ケーキやお茶をたしなむ一連の動作がきれいだった。彼の仕事の内容は、営繕部の、特にボイラーや電気関係の保全や修理に加えて、キャンパス全体の建物の管理に関して技術的な責任を持たされているのだということだった。つまり、営繕部長の下で、手を汚す作業にかかわっていた。キャンパスの外に住んでいて、時には夜勤のために徹夜することもあるという。その日は当たり障りのない、初対面同士が交わすような会話の範囲を越えるようなことはなかった。

ミス・トーディーは私を彼に引き合わせるために、この時間を作ってくれたのだろうか。それとも自分の退屈な時間を紛らすために、私たち二人をお茶に招いたのだろうか。いずれとも判じ難い思いで部屋に戻った私は、大学のホームワークにかかりっきりになり、翌日のワーク・スケジュールで一杯になった頭で就寝した。

それから、ピーターとはキャンパスですれ違ったり「ハーイ」と手を振りあったりしても、話しこむような機会もないままだった。そして五月、ピーターに呼び止められ、ブロンクスにあるニューヨーク植物園に一緒に行こうと誘われた。この植物園は世界第二と言われているブロンクス動物園の近くにあり、盲学校からもバスで三つ目の停車場の前にある。世界でも先端的な植物学研究があり、総面積は約一〇〇ヘクタールもある。私はまだその植物園に行ったことがなかった。連れて行ってもらえるなら、行ってみたいと思った。植物に特別な興味があったわけではないが、何でも見ておきたかったのと、大学と寮の間だけを往復する生活に飽いていたし、他の場所を知りたかったからである。

それにもまして、一人で過ごす週末が耐えられなくなっていた。週末になると、生徒は自宅に戻るし、教員ばかりか行き先のある留学生たちもいなくなって、職員寮には私一人になってしまう。京都で「独り」の辛さを味わった日々とは違う、「島流し」されたような、どこにも係留できない心もとなさでいたたまれなかった。日本での「独り」は、日本語がラジオやTVから常に入ってきて、まだしも社会とつながっていた。ここでは、私は、まだ錨《いかり》を下していない。英語でのマスコミの情報は、断片的にしか理解できない中で、人との親密な関わりも育っていない。日本とアメリカで何が起きているのか十分な情報も得られない。ただ、修士取得の目標だけの数ヵ月が、私に頼りない漂流感をもたらしていた。何と言っても日本語の本が読めなかったことが辛かった。読書は私にとって空気のようになくてはならないものだったから。

最初のデート

その日は晴れ上がった五月の空がひろがっていた。ブロンクス植物園は、週末なのに想像していたよりも参観者がまばらで静かだった。館内にはそれまでに見たことのない熱帯植物があり、セクションからセクションに移動すると、匂いが変わるのを感じた。ピーターは、時折足を止めて、ブリティッシュ・ネイビー（英国商船）で客室係りとして乗船していた時代のことを話し始めた。海が荒れて、みんなが船酔いして寝込んでいる時に、自分だけ酔うこともなく、うるさいやつらが寝込むのでキャビンが静かで良かったとか、時間さえあれば機関部に入り込んで、ボイラーやその他の機械操作を学んだことや、手品師から簡単なマジックの手ほどきをしてもらったことなどを。私は黙って聞く一方だった。正直に言うと、彼のお喋りがちょっと煩わしかった。珍しい植物をもう少し観察しておきたかったのに、時には彼の話に応答しなければならないので集中できないのだ。でも、彼の話し方には無意味な間投詞（You know, You see）が殆どなくて、「お育ち」の良さが感じられた。

館外へ出ると、数十メートルでバラ園だった。そこには幾種類ものバラが咲き誇っていた。館内で歩きまわって疲れていたので、重たげな真っ赤なバラ園のそばのベンチに私が腰を下ろすと、つられるようにピーターが隣に座った。彼も喋り疲れていたのだろう。沈黙が流れた。バラの芳香にしばらく身を任せながら、私はこの別天地にしばらくじっとしていたかった。久しぶりの安らぎを得て、ここに誘ってくれたピーターの好意がありがたかった。

「ここに案内してくれてありがとう」と彼に言ったとたん、また、彼が喋りはじめた。聞きながら、この人は自分のことを知って欲しいのだなと思った。

彼には二歳年上の兄と、二歳年下の妹があり、二人とも家族を持っていて、英国に住んでいるとのこと。幼い頃に父親が亡くなったので、母親が出自国の彼女の父親を頼って、アイルランドに三人の子供を帯同して帰ったが、継母が親切ではなく、とても苦労しながら子どもたちを育てた。子どもたちも、近所の農夫の手伝いをして家計を助けた。成人してから、母親をアイルランドに残して、先ず兄のトムが、続いてピーターが英国に戻り、働き始めたのだと。英国で働いていた時の様々な経験にも言及した。口調は軽かったが、語る横顔に、隠しようのない「孤独」と悲しみのような影が貼りついていることに気づいた。

ふと、ピーターが黙り込んだ。真上にあった太陽が少し傾きかけて、心地よい風がかすかに頬をなでていくのが感じられた。私は、もうバラ園を歩きまわることを諦める気になっていた。

急にピーターが体を私の方に向けた。そして私の顔を覗き込むようにして尋ねた。

「あなたは、修士を習得した後、日本にもどるのですか？」その目が真剣味を帯びていた。

「帰るつもりはありません。アメリカで就職して生活できればいいなと、願っているのです」でも、まだお先真っ暗な私だった。

ピーターの表情がゆるんだ。「その方がいいと思いますよ。それに、私もあなたにはずっといて欲しいし、これから、結婚を目標に会ってくれると、本当に嬉しいのです」

一瞬、ぽかんとした。（この人は何を言っているの？　この前会ったばかりで、私のことは何も知らないでしょう？　何と無謀な人！　第一私は、あなたのことは、今聞かされたことしか知らないし、これからデートする暇がある体ではないの）

「あの、私はアメリカには結婚相手を探しにきたのではなくて、修士獲得のほうが重要なのですけど。それまで、他のことには集中できないんです」　もたもたした英語で応じた。とにかくその場で断りたかった。

「それでいいです。待ちますから。ただ、出来る時に、デートしてください」

人種や言語どころか、教育歴も家庭環境も違い、趣味さえも違いそうなこの人と、私が合うはずはない。バス停近くのダイナー（ファミレス）で遅いランチを御馳走してもらいながら、私の気持ちは、大学のペーパーを書くために読まねばならない数冊の本に飛んでいた。

こうして、ピーターとの最初のデートは終わった。

一週間後、ピーターから一つの手紙を手渡された。中にはプロポーズの言葉を綴った二枚の紙が入っていた。一読して、（あら、一カ所書き間違いがある！）と思ったが別にアラ探しをしていたわけではない。ミススペルを批判する気もなかったが、かすかな困惑が生じるのを禁じ得なかった。プロポーズそのものによりも、母国語の彼の書き能力に対する疑念が、根底にある困惑感だった。私にとって英語は第二言語だから、英語圏の人がどの程度の学識レベルで、どれくらいの書き能力があるのが適正なのかを分からない。そこで、思い切ってミス・トーディーにそのラブレターを見てもらうことにした。私はただこの手紙が彼のことについて、より深く知る手がかりになるのではないかと期待しただけであって、恥を晒《さら》させるという意図は全くなかった。彼女はピーターのことを知っているし、思慮深い人でもあるので、信用していいと思ったからである。

後年、アメリカ人大学生でさえ、ミススペルの多い論文を書くことや、文章力が弱いことを知ることになる。

ミス・トーディーは読み終えると、眼鏡を外しながら言った。

「ミス・クボ、ミススペルに関するあなたの心配に共感します。ピーターは人間的には立派なジェントルマンなのですが、もう少し文章力もスペルも鍛錬の必要がありますね。私からそれとなくアドバイスしておきましょう。ところで、プロポーズの件ですが、あなたとピーターでは釣り合いが取れません。何と言っても学歴の違いが大きいです。それに、同じ人種間の結婚の方が望ましいですよ。ニューヨークにはあなたと釣り合いのとれる日本人男性が、きっといるはずです」

淡々と、しかし直截なコメントだった。（ああ、やっぱり）と思うと共に、（異人種間の結婚を良しとしない理由は？）と尋ねたかったが、彼女がＷＡＳＰであるがゆえの「偏見」であろうと推理して、敢えて封じてしまった。あの時、彼女にとって高学歴の日本人女性と、低学歴の白人男性とを秤にかけて、どちらが重かったのだろう？　だが、私たちが結婚した後も、ミス・トーディーは私たちとの絆を保ち続け、ピーターが亡くなってから二年後に百一歳で亡くなるまで、二人宛てのクリスマス・カードを送り続けてくれた。彼女には、多分、ミス・クボをミス・クボとして、ピーターをピーターとして、等身大のままを、それぞれに尊重する理性があったのだろうと思う。

私はピーターに「時間が欲しい。少なくとも、私が修士を習得するまでに考える」と、ひとまず答えておいた。二人の間の共通点が殆どなく、相違点だけ数え上げると、結婚を支える基盤が紙より薄く感じられていた。だが、植物園でピーターが熱心に自分物語をしていた時、どこか「孤独」の影がかげろうのように揺らめいていたことが、気になっていた。結婚してから、その「孤独」な陰は、人間が生来内包している性質の上に、彼の幼児期と青年期の生活体験が残した一種のトラウマを示唆していたことが、次第に浮かび上がってきたが、私にとっては、そのことで苦い試練と向き合うことになる。

修士と結婚

夏休みの間、ローズとサニーがヨーロッパ旅行に出て留守になった家に寄宿して、ブルックリンでルベラ幼児たちを訪問査定していたので、ピーターと会うことはおろか、電話連絡すらもしなかった。当時は携帯電話もパソコンもなかったこともあるが、私は何もかも初めての試みの中で、資料の整理に追われていたからである。資料をカテゴリー化するための特殊な英語の語彙《ごい》に悩み、小論の書き方についても知識不足に苛立ち、自分一人分の料理に調味料を間違える、散歩に行きたい犬（中型の飼い犬がいた）が、朝と夕方、私が時間に遅れると「ウヲーン」と大きな声で鳴き騒ぐ、泊まり込みキャンプに行っているローズの二人の息子たちから、お金のない私に「キャンディやクッキー送れ」の矢の催促にも対応……で、悪いがピーターどころではなかった。

九月初旬、盲学校のキャンパスに戻り、以前と同じ生活が始まった。そして、ピーターと言葉を交わす機会が増えた。いつも立ち話で、日常的な会話だったが、言葉の端々から、彼がまだニューヨークで自分の居場所を確立できていない「移民」の匂いがした。

ある日の夕方、キャンパスのゲートから出ようとしていた私に、ピーターが声をかけてきた。その週の日曜日、彼のアパートでランチを御馳走したいと。自分の料理だから気に入って貰えるかどうか分からないけどと、控え目に請うような声音だった。週末の「独り」が辛かったのと、興味をそそられたこともあって「喜んで」と応じてしまった。

彼のアパートは盲学校から歩いて十分くらいの距離にあり、民家の一階の日本で言う1LDKだった。清潔できれいに整頓されたアパートだった。えびのオードブル、野菜サラダ、ステーキ、マッシュポテト、人参とグリンピースのバター炒めなど、味はいまひとつだったが、一生懸命のおもてなしを受けた。その日私は、彼が私より四年前に英国からニューヨークに渡ってきたことや、年齢が六カ月年上であることを知った。ニューヨークに着いてから今の仕事に就くまでに、幾つかの仕事をしていたことや、仕事が変わるたびに住居も変わったこと、今の職場でやっと安定したこと、ミス・トーディーをはじめ、フランプトン博士の信頼も得て、アメリカ人の中で自分の将来を描けそうだと、植物園で聞かされたことに加えて、その日を境に、私はピーターの世界に一歩入ることになった。

ハンター大学は修士の資格を取るために、三十二単位を修得し、その成績がB平均以上であることが、修士号取得の受験資格の条件であった。一方で、日本でも知名度の高いコロンビア大学では、三十二単位をB平均で習得できると、自動的に修士号が与えられていたので、ハンター大学の方が厳しかったことになる。そんな事情を知らないまま、私は修士取得受験資格に向けて無我夢中の日を過ごしていた。

時々、息抜きにピーターのアパートで食事をし、学業とは関係のない会話を交わすくらいだったが、彼の実直さ、勤勉さ、控え目な態度、そして何よりも食事の所作の美しさに、私はこの人と生涯を共にしてもいいかなと、気持ちが傾いていった。その頃、彼が煙草を吸うことに気づいたが、ヘビー・スモーカーであることは知らなかった。父が煙草を吸う客を嫌っていたので、ちょっと気になった。だが、私の気持ちは次第に固まってきて、結婚式は私が修士を手にしてからと確約をした。約束の言葉を口にする前にピーターに聞いておきたいことがあった。

「私の左脚は義足なのですよ。ご存知ですか？」

「I know（知っています）」ピーターは柔らかい表情で、そう答えた。

一応日本の両親に、ピーターの写真を添えて、結婚の意思を伝えたところ、父から「お前が選んだ人なら良かろうと思う。賭けごとをしない、深酒をしない、女狂いをしない、勤勉である、正直である人であればよろしい。だが、結婚する前に、人の信用があるかどうかを上司に相談して調べた方がいいぞ。そして結婚後、見込みがないと分かったら、さっさと離縁するがよろしい」という手紙が来た。思わず笑ってしまった。そこにはヘビー・スモーカーはだめとは書いていなかった。

そこで、ピーターにとっても上司であるフランプトン博士に相談したところ、博士はゆっくりと笑顔を浮かべて「そうですか？　日本の女性は忠実で素晴らしいと言われています。ミスター・カニングハムは幸運な人です。彼はジェントルマンですよ。信頼できる職員です。

結婚すれば、あなたはこれからアメリカに住むことになります。一つアドバイスさせてください。私は少し日本の文化を知っているので、心配なのです。この国では他人に足を踏まれたら、踏み返さないとドアマットのように扱われますよ。覚えていてください」

このアドバイスには驚いたが、後年、異文化適応プロセスの中で差別に面した時、大いに役に立った。更に言えば「踏み返し」方法や手段については、自分で考え抜く必要があったことは、前章で言及したとおりである。

ピーターをローズと彼女の夫のサニーに紹介した。ローズが私と二人きりになった時、いつもの温かい目で言った。「ピーターはまだ磨かれていない原石のような人」と。教育やキャリアを意味していたことは言うまでもない。

秋が来て、二度目の冬が来て、春、そして夏へと季節は進み、二年目の九月からアシスタント教師として働くことで、私の英語力も伸びた。大学の小論文やテストも何とかクリアできるようになり、私のために特別にセットされたコースの単位三十六単位（通常よりも四単位多い）をB平均で修めることができた。いよいよ、修士資格取得受験の時が来た。一生懸命に準備していたのだが、見事に落ちてしまった。質問の中に私が履修していなかった科目が入っていたのが原因だったと思い、フランプトン博士に報告と相談に行った。博士がすぐハンター大学に問い合わせてくれたところ、私だけが特別コースだったことを考慮していなかったことが判明した。ハンター大学の修士資格取得試験の機会は二度しか与えられておらず、二度目の試験に失敗すれば、三十六単位は認められるが、修士号はもらえないことになると知って、背筋が寒くなった。二度目に失敗したら、結婚を諦め、三十六単位だけ持って日本に帰るしかない。帰っても仕事はない⁉ 私は必死だった。一ヵ月後、二度目の挑戦に成功した。

ハンター大学卒業式の翌日、六月二十一日にマンハッタンの日本クラブで和洋折衷の結婚式を挙げた。ローズの夫サニーが「花嫁の父」役をしてくれた。式場の祭壇に伸びている赤い絨毯《じゅうたん》の入り口で、サニーが丸い顔にいたずらっぽい笑いを浮かべて言った。

「この花嫁を高く売れないで、ほんとに残念！」

緊張していた私は思わず笑い声をあげて、そのままの表情でサニーに手を取られて、緊張した面持ちのピーターの方へ歩いていった。その日が、新郎三十六歳、新婦三十五歳の「ミニ国連」の幕開けだった。

ピーターの結婚指輪に、私は〝コリント一・一〇・一三愛をこめて〟と刻んでもらった。『新約聖書』コリント前書第十章第十三節は「あなた方の会った試練で、世の常でないものはない……」とある。この一節を私の心に刻んでくれたのは、京都の紫野教会の牧師夫人であった川崎素子様だった。私が風呂のことで困っているのを知って、度々風呂と夕食を御馳走してくださった。そして、私の背中を流しながら「神は真実なれば、汝らを耐え忍ぶこと能《あた》はぬほどの試練に遭わせ給わず」と、十三節の続きを口ずさんで、励ましてくださった。

私は、精神的な立ち直りのきっかけとなったこの言葉を、ピーターと分かち合いたかった。また、結婚生活に必要な知恵と勇気を、この言葉から汲み上げていくこともできると考えたのだった。

戸惑いと調整の日々

新婚生活はピーターのアパートで始まった。私は歩いて二十分ほどの距離にある公団住宅の中にある、ニューヨーク知的発達障害協会の分校で、重度発達障害幼児クラスの主任教師として、結婚した年の九月から勤務し始めた。

ピーターは挙式数日後、さりげなく私に宣言した。

「これまで、掃除、洗濯、料理などやってきてうんざりしているので、そのすべてをあなたに任せます」と。

「あ、それではついでに、家計も私に任せてください。あなたには月極めのお小遣いを渡します。大きな出費は話し合いで決めましょうね。お互いの給料は一つの口座に入れて、積み立てることにしてはいかが？」

「いいですよ」

それまでに、日本では伝統的に妻が家計を管理していることや、母が私にもその手ほどきをしてくれたことなどを、話していたこともあってか、ピーターはあっさりと私の申し出を受けてくれた。この話をアメリカ人の友人たちにしたら、男女ともに、「信じられない！」と目を剥《む》かれた。私にとって「当たり前」が、アメリカでも英国でもアイルランドでも「当たり前」ではなく、お財布は夫が管理しているのだという。心配になって、ピーターに「財布管理権」を取り戻したいか尋ねると、面倒だし信頼しているから、やってくれればいいと全面的にゆだねられて、私は財テク方法にも通じなければならなくなった。

私は家計簿を一セントの狂いもなく付けて、月末に収支決算をピーターに提示し、話しあいながら次の月の予算を立てることを、当初は徹底的にやっていたが、一年過ぎたころから、家計は完全に私任せになった。信頼されている分、私の責任は重かった。彼はクレジット・カードすらも持ちたがらず、お金は威厳を保てるだけのものがあればいいという考え方をしている堅実な人だった。だが、多くのアメリカ人たちから見れば、例外的な夫だったかもしれない。

ユダヤ系アメリカ人の友人の中には、夫婦間の経済管理は妻が主権を握っている女性もいたから、例外は他にもあるのだ。

拒否していた家事も、いつの間にか、自発的に手伝ってくれるようになった。

ある晩、熟睡していた私は強い煙草の匂いで目が覚めた。そばのピーターは横になってすやすやと寝息を立てている。その手の先に何と火のついた煙草が煙を上げているではないか。そっとその煙草を抜いて指先でもみ消した後、私の枕を思いっきりピーターの上に振り下ろした。「うわっ」と飛び起きた彼に、私は厳しい声で申し渡した。

「あなたの恐ろしい習慣のために、焼き殺される気はまったくありません。この家が火事になったら、家主も近所の人たちも、大きな迷惑をこうむることになるでしょう！」

彼がヘビー・スモーカーであったことに、私は恐怖を覚えた。その夜から、ベッドの中での「寝たばこ」は止めたが、喫煙は死亡する十五年前まで続いた。折々に私の知らないところで深酒をしていることを知ったのは、それから十年も過ぎてからのことだった。やがて、喫煙と深酒が彼の命取りになる。

ピーターの好む食事内容が、肉と、ポテト、そして少々の野菜であることに、健康上のトラブルがいずれ起きかねないと考えた私は、食生活を徐々に変えることにした。この際だからと、和食を少しずつ取り込むようにした。ある日、メインディッシュの皿に乗った白御飯を怪訝《けげん》そうに見ながら、彼が言った「ライスはデザートなのに」と。「えっ、御飯がデザート？」

要するに、ピーターは「ライスプディング」というデザートでしか、米を食べたことがなかったのである。私はといえば、「ライスプディング」なんて、見たことも聞いたこともない代物だった。でも、考えてみれば、米は甘いおはぎとして日本人に好まれている。そのことがきっかけで、私はデザート作りに興味を持ち始めた。レシピ通りにやれば、面白いほど簡単にデザートが出来上がるので、一時期は、ラム入りケーキに凝り過ぎて、家の中のアルコールの匂いを消すのに苦労したこともあったほどである。

白御飯に関しては、ピーターはもともと魚好きだったせいか、握り寿司に抵抗はなく、寿司関係ではいなり寿司が大好物になり、「いなりずし」が言えなくて、「ポケットに入った寿司を作ってくれない？」と、時々ねだることがあった。もっと好きだったのは、私が作る〆鯖《しめさば》の握り寿司だった。うどんをフォークでしか食べられなかった時から箸使いが上手になるまで、さほど時間はかからなかった。ある朝、ピーターが野菜を炒めていた。オー、見事な箸さばき！　と、その手元をよく見たら私の高価な塗り箸だったので、金切り声をあげて取り上げてしまった。上手な箸使いを褒めている場合ではあるまい。

一方で私は、スイス人牧師家族と一緒に住んでいた頃から、フォークやナイフなどのテーブルウエアの使い方を学び、慣れてはいたが、食事中に「もう殺して切って料理してあるものを、またナイフで切りフォークで突き刺して食べるなんて、人間のやることではない。これは、死人に杭を打つドラキュラ文化だ」とぐちぐち言い、更に「日本人は箸で優しくつまんで食べる繊細な人種なの」と、かける追い打ちが、ピーターの箸使いを上達させる動機になったのかも知れない。

和食好きが高じるのは歓迎だったが、次第に外食を拒むようになった。和食のレストランには同意したが、他のエスニック料理を外食することを歓迎しなくなって、疲れて夕食の支度が辛い時に、近くのイタリアンでの外食を打診すると、「サンドイッチだけでいいよ」と暗に拒否される。致しかたなく、栄養面を考えた本格的夕食を準備することになる。同僚にちょっと愚痴ったら「あなたがだめにしたのよ。ハズバンドはそんなに甘やかしてはいけないの」と、一笑に付されてしまった。栄養面での配慮が生んだ副産物なのに「甘やかしている」だなんて！

こうして、私の洋食化は元から問題ではなく、ピーターの食生活の日本人化方向への歩み寄りが大きく、まずは安泰した。

アイリッシュ・テンパー

婚約時代に、アメリカ人の数人から、「アイリッシュ・テンパーに気をつけなさいよ」と忠告を受けたが、ピーターの温厚な一面にしか触れていなかったので、気にも留めていなかった。彼が英国で生まれていても、幼少期から思春期までアイルランドで育ったので、アイルランドの影響を大きく受けているはずと、言われた。

アイルランドは八世紀末頃、ノルマン人（バイキング）の侵入を受けて以来、何度も外部からの敵襲を受けている。一六五二年、英国のオリヴァー・クロムウエル卿によるアイルランド侵略以来、数世紀にわたって英国の圧制のもとで苦しんだ。アイルランド人は圧制への不満、抵抗、反抗が積もったあげく、短気で暴発しやすい気性がはぐくまれ、それが「アイリッシュ・テンパー」というアイルランド人の代名詞のようになっている。

植民地化された後、何度も繰り返された独立運動戦の結果、一九二二年十二月、アイルランド北部の六州は英国領にとどまり、南は「アイルランド共和国」として独立。現在はEU加盟国である。ピーターは「アイルランド共和国」で子ども時代を過ごした。

別名を「エメラルド・アイランド」と呼ばれるこの美しい緑の島は、一八〇〇年代前半に立て続けに起きたポテト飢饉で、大量の国民が死亡した悲劇を持っている。

ピーターにそのテンパーを見たのは、日本に行った時である。私にとっては渡米後、初めての里帰りであり、ピーターにとっては初の日本訪問だった。京都でのことである。朝食を摂るためにホテルのダイニングルームで、窓際に案内されて座ったが、直射日光が強すぎるので辛いから席を変えたいと言った私に、語気を荒げて「Don't（するな）」と投げつけるように言った彼の顔が、歯ぎしりせんばかりの表情を浮かべていた。私は（えっ⁉）と一瞬息をのんだが、ともあれ席を変えてもらい、こともなくピーターも私も朝食を終えることができた。

日本滞在中、たった一度だけの出来事だったが、加齢と共に「ジキルとハイド」のように瞬時に彼のお天気が変わるようになることを、その時は予測できなかった。

テレビで、飢えているアフリカの子どもたちを見て涙ぐむピーター。歌詞の意味は分からないのに演歌に涙し、美空ひばりに感動するピーター。私の友人たち大歓迎で、一生懸命歓待するピーター。バレンタインデーに必ずチョコレートを贈ってくれた（その殆どは彼が食べていたが）ピーター。何でも私に相談したり、嘆いたりするピーター。その一方で、ほんの些細なことで、急に険しくなるピーターがいた。私の入院を迷惑がったり、自分が事故で入院した際には散々私の世話を受けたにもかかわらず、治療が辛かったことで私を怨む言葉を発したりする、勝手なピーターがいた。普段の礼儀正しさからは想像もつかない裏側が、ごっそりむき出しになる瞬間に、何度も胸が冷えて耐えられないことが多くなってきたのは、彼がリタイアしてからのことだった。どんな時にも謝らない人だった。それが、実は彼の幼少時代の極貧体験から来ている「防衛」であると、私は理解していた。彼には彼なりの理由があり、私はそのことに関しては満腔の共感を抱いていたが、私の思いは彼に本当に分かってもらっていないように思えた。私は彼にとって「sounding board（相談相手）」であると同時に、「sand bag（パンチ袋）」でもあったのだ。

教師妻

新婚生活一年目に、私たちは生活設計について話し合った。特にピーターのキャリア上昇志向が一番のテーマだった。Stationary Engineer の資格は取れていたが、ピーターがキャンパスの主任技師になるためには、彼の学歴がアメリカの取得資格にマッチしていなかった。そこで、マッチアップのための前提条件となる高校・大学卒資格の勉強を勧めると、そんな勉強などしなくても自分は優秀なエンジニアだと、真っ向から抵抗された。

「勿論、あなたが優秀なエンジニアであることは、みんなが認めていることです。でも、それは今のあなたのことであって、梯子をのぼりたければ、どこの先進国でも一枚の紙切れがどんなに必要なことか、知っているでしょうに。私はその一枚の紙切れが取れたばかりに、自分の望む分野で就職できたのよ」と、手をかえ品を変えながら、お念仏のように言い続けた結果、ピーターはまず通信教育コースから始める決心をしてくれた。

それからの一年間、週末が彼の勉強の時間となった。恐ろしいことに、ピーターに私が幾何学を教える必要に迫られ、数学英語に通じていない私が、私の不得手だった科目の手伝いをする羽目になった。ピーターに対して焦《じ》れ、私自身に対して焦れる。私よりもピーターの方が誇りをのみ込んで耐える日々が続いた。十分に咀嚼《そしゃく》できない時、顔を真っ赤にして、何とか理解できない部分を私に理解させようとし、私は私で、理解を助けるには不十分な英語力を顧みないで、どうして理解しないのと、ピーターを責め気味になる。あの頃を振り返る度に、ピーターは本当に良く耐えたと思う。もっとも、私は彼の中に高い知的資質が潜在していることを確信していた。

あの一年間、私たちは週末に一度も外出しなかった。リビング・ルームでピーターが勉強している間、私は寝室のテレビにイヤホンをつけて、視聴しながらレース編みをしていた。そのうちの数枚の作品は今も使っている。ソファの肘掛けのドイリを撫でる時、あの頃のピーターの私に教えを請う表情が浮かんで（あなた、よく頑張ったわね）とつぶやいてしまう。

努力が報われて、次々に資格を習得することに成功し、アシスタント主任に昇格したのを機に、キャンパス内の職員アパートに引っ越した。前よりも部屋数が多くなった。ピーターの勤務時間は長くなり、時には夜中の呼び出しにも対応しなければならなくなった。主任技師の健康状態が思わしくなかったことで、アシスタントのピーターに頼ることが頻繁になったからである。それでも、ピーターは愚痴を言わなかった。働くのが好きだったし、それが彼の自尊感情を支える源でもあったからだ。

四年後、主任技師がリタイアして、ピーターは主任技師のポストを得た。責任範囲が広がり、セキュリティー部門の管理もしなければならなくなった。ピーターは四十歳代に足をかけたばかりだった。職員寮から地下一階地上三階、九部屋の広々とした主任技師用の家に引っ越した。これが、彼が人生の中で、自分自身に幸福感を手放しで味わうことを許した、唯一の時期だったのではないかと思う。というのも、その頃になると、私はピーターが常に他人に対して疑念を抱き、不安感で揺れていることを察しており、「幸せな時」さえも素直に喜べない「ねじれ」を感じていたからである。彼は、自分にとって「幸福」は永遠に続く「約束」であって欲しかったのだ。成熟した人なら、そんなものは存在しないことを認めた上で、だからこそ、「幸福の時」を十分に賞味するのであろうが、ピーターは「白」か「黒」しかない単純な概念にとらわれていて、気を許すと、傷つけられるのではないかという無意識の恐れを持っていたのだろう。彼は根っからのペシミスト（悲観主義者）だったように思う。

フランプトン博士の娘、ディアンが結婚前に私に言ったことがある。

「ヒサコ、あなたはピーターにとってワイフではなくて、ティーチャーになると思うわよ」

夫が主任技師になるまでに、私はそうなっていた部分が大きかったかも知れない。

アイルランドへ……偶然⁉

日本から帰って一年後、ピーターの母ルビーに会うためにアイルランドを訪れた。エアリンガス航空機に搭乗するや、乗客の陽気さに驚いた。正に杯をあげて、歌えや踊れやとばかりに、アイルランド民謡をみんなで歌いだしたのだから。その中には日本人にもなじみの深い数々のメロディーがあり、私はその雰囲気の中に取り込まれてしまった。

ニューヨークを飛び立ってから七時間後、アイルランドの上空にさしかかった。雲ひとつない目の下に、深緑の島が浮かんでいた。それは「エメラルド・アイランド」という呼称を十分に誇っている色だった。着地したダブリンから更に車で一時間。英国から同時期にアイルランドを訪れていた、義妹夫婦の迎えの車で姑の家に向かった。

姑の家は海辺の典型的なアイリッシュ・コテージだった。英国領だった時代、アイルランド人の家にかかる税金が、窓の大きさと数に応じていたために、アイリッシュ・コテージの窓は小さく、数が少ないと聞いていた通りのたたずまいだった。絵本で見た絵そっくりで、圧制の悲しい背景を忘れさせるほど、何とも言えないメルヘンを感じさせた。

ピーターが急いで鍵のかかっていないドアを開けて、「マザー」と声をかけると、「Oh, my son」と柔らかい声がして、奥のほうで姑が動く気配がした。ピーターは私の全身が彼女の目に入るように、体を少しずらした。目を凝らすと、入口に向かって歩いてくる姑の足が一歩出る度に、体の片方が沈む。もう一歩進むと反対側が上がる。はっとした。姑は足が悪いのだ。知らなかった。これが、私の義足をピーターが平然と受け入れた理由なのか!?

姑ルビーは、私とほぼ同じ背丈で細い体つきをしていた。白人の中ではプティット(小さい)な女性だった。ピーターと抱き合ってキスをかわした後、姑は私に向かって大きく腕を広げながら「Welcome, my pretty daughter」とハグして、両頬にキスし、しげしげと私の顔に見入って続けた。目の色がピーターのそれよりも灰色がかった青い色をしていた。

「私の息子を愛してくれて、本当に嬉しいこと。心から感謝するわ」

(えっ、どうしてこんなにへりくだった言い方をなさるのかしら?)

不意に彼女の障害を目にしたことと、この言葉に、私はドラマの中に迷い込んだような、霧の中を手さぐりするような感覚に包まれて、何と答えたか覚えていない。八月だというのに、リビング・ルームの暖炉に火が入っていた。アイルランドは夏でも寒いことを、その時初めて肌で感じた。そこは、北アイルランドの国境に近い村だった。

その日から、義妹夫婦と幼児三人、私たち夫婦の七人が、姑と一週間起居を共にすることになった。義妹の名前も姑と同じルビーだったので、私は義妹をルビー、姑をマザーと呼ぶことにした。義妹は姑のように口数は少ないが、二人とも他者に気を使うタイプで、特に姑は気兼ねをする生活をしてきたように見受けられた。女手ひとつで三人の子どもを、貧しい中で育ててきた道には、苦汁を飲まされることや、下げたくない頭を下げ、眠れぬ夜も重ねてきたであろう。ピーターに姑の障害の原因をそっと尋ねたら、彼女は五、六歳の頃、石垣から落ちて骨折。医者の手当てが悪くて、後遺症が残ったのだということだった。すると、子ども時代から他者に一歩も二歩も譲らざるを得ない状況にさらされてきたことは、容易に想像がつく。

だが、その過程で芽生える心理的な複雑さを姑からは感じられなかった。素直で優しくて、作り飾りもない。若い頃は教会の聖歌隊で歌っていたと聞いて、ピーターの音楽に対する感覚が母親ゆずりだと納得した。私には実母に対する複雑な感情があるが、姑に対してはただまっすぐに「何と心優しい人だろう」という気持ちが湧いた。彼女の静かで温かい応対はぶれることもなく、私は昔からそこにいたようなくつろぎの毎日を過ごすことができた。

後年、ピーターの不条理な行動が原因で夫婦口論になった時、「あんなに素敵なママに育てられたのに、どうしてあなたはこんなな の？」と私から言われると、彼の「いきりたち」が治まるので、これが私の奥の手になった。このセリフは水戸黄門の「この紋章が目に入らぬか！」と同じなので、そう軽々とは使えなかったが。

私は本当に実母よりも、姑の方が愛おしいほど好きだった。

口論と言えば、一度こういうこともあった。口論の原因は覚えていないが、エスカレートした余り、ピーターが言い放った。

「君は聞く耳を持たない人だ。五島のファーザーに言いつけてやる」

「へー、それで誰が通訳するの？」


毎日、義妹の夫ロビンが車を運転して、遠くの親戚を尋ねたり、日本庭園や名馬を育てている牧場、古城などを訪れたりすることができた。途中、羊の群れにも出会い、たまたまパブから出てきた酔漢に道を尋ねたら「なんとかかんとかを過ぎて、柵の角に白馬がいる牧場を右に曲がって、どうのこうの……」と教えてくれた。

車の中で「白馬の銅像なのかしら」「いや、何だか生きている白馬のような言い方だった」「いや、生きた馬ならいつでも柵の角にいるなんて、考えられない」などと騒ぎながら進むと、驚いたことに本物の白馬が柵の角で草を食んでいたので、大笑いになったことなど、懐かしい思い出である。

同志社女子大学で英文学を専攻した私にとって、アイルランドには格別の関心があった。英文学からアイルランドやスコットランド系の作家を除いたら、誰もいなくなるとさえ言われている。読んだ作品から想像するしかなかったアイルランドの風景が目の前にあり、私自身がその中にいる。あまり真面目な学生ではなかったのに、この時ばかりは勤勉な女子大生の気持ちになって、かつて読んだトーマス・ハーディーの小説に描かれていたような風景や人に感動する旅となった。

別れの時が来て、ダブリン空港まで姑が見送ってくれた。涙を眼に浮かべて、ピーターに「私の息子ピーター、ヒサコを大切にするのですよ。絶対に軽んじてはいけません。よく覚えていなさい」と、すがるような口調で言った。そして、私をしっかり抱きしめて、コテージで私に言った言葉をもう少し強調して、繰り返した。

「My darling daughter, thank you ever so much for loving my son. He is very lucky to have such a nice girl like you. For that reason, I am so happy. God bless you!（私のいとしい娘よ、私の息子を大切に思ってくれて本当にありがとう。息子はあなたのように素敵な女性を得て、実に幸運だわ。そのことで、私はすごく幸せなの。神様の祝福があなたの上にありますように！）」

この過剰な感謝の言葉を、私は、ただ、そのままを胸に刻み、夫婦の危機に見舞われる度に思い返したものである。しかしこの言葉には、手こずった息子に対する彼女の切ない思いが凝縮していたことを、私が知ったのは、ピーターの死が間近になってからのことである。

それから

アメリカ人はよくパーティーを催す。私たち夫婦も日米の友人たちを招いて、月一回のパーティーを、土曜日の午後三時から夜十一時まで、慣例にしていた。そのメニューを一週間前から考えて、食事を出す順序に応じた料理を作る。招く側の主婦は、ただ、料理上手だけではなく、来客同士を共通の話題でつなぐ役目もある。特に、初対面の客をくつろがせる工夫も必要である。抜群のユーモア感覚の持ち主を必ず一人くらいは入れておくと、もともと場慣れしているアメリカ人客たちは、放っておいても盛り上がってくれるので、ホステスとしては楽だった。

その中の常連客は、研究所の同僚だった音楽療法士のヘレンとその夫ハワードだった。ハワードはホフストラ大学の生物学教授だった。もう一組が私とは姉妹のようだったリリアンとその夫ビクターだった。この二人の男性とピーターは無理なく溶け合っていたが、ビクターはピーターのかたくなな性格を的確に見抜いていた。一方で、ハワードはピーターの潜在的IQの高さを評価していた。可笑《おか》しかったのは、ターキーの切り分けはホストの役目なのに、解剖慣れしているハワードが受け持ち、ビクターは他の客の話し相手をしてくれ、ホストのピーターと言えば、まるで客のようにちょこんと座っている様子が当たり前になったことである。でも、準備段階と後片付けを手伝ってくれていたので、それくらいは目こぼししていい。

ハワードとピーターは二人になると、よく趣味や仕事の話を交わしていた。ある時、子どもの頃から魚釣りが好きなので、いつか自分の船を持つのが夢だと、ピーターが言っているのが聞こえた。それから間もなく、ヨットクラブで買いたい中古のキャビン・クルーザーを欲しいと言い出した。船は維持にお金がかかるし、体力がなければ楽しむことはできない。夢がかなうにも「時」というものがある。私は反対しなかった。そして、ピーターはその船を『HISAKO MARU（久子丸）』と名付けた。英国商船に乗務していた頃、日本の船には必ず「MARU」がついていたことが念頭にあったのだと言い、その意味を尋ねられたので、出港から戻るまで無事に円満な旅ができることを意味する（本当にそうかどうか知らない）と、説明したら、ひどく感動していた。だが、クラブの連中には「沖合で釣りをすると、日本の船と間違えられて、領海侵犯でつかまるぞ」とからかわれた。

それから数年後、木造船だった最初の船を売り、二十五フィートのグラスファイバーでできたキャビン・クルーザーを購入した。これも中古だった。ピーターはこれにも同じ名前をつけた。日本人の友人たちが「あら、羨ましい。ピーターさんの愛が良く分かります」と言うので、欧州では船には女の名前をつけるのが慣習であることを説明したうえで、こう付け加えたものだ。「生きている久子は思い通りにならないから、せめて船に同じ名前をつけて思うがままに操作しようという魂胆なのよ」と。実際、ピーターは私がハリウッド映画に描かれているような、単純に従順な妻ではない現実に直面していた。

「だから、結婚前に言ったでしょう？　私は自分の意思を持った一人のユニークな人間だと。だからこそ、頼りにもできる妻じゃないの。覚えていないのね」

この船が、ニューヨークのＮＨＫ支社に派遣されていた有働由美子（現在「あさいち」の司会者）チームの目を引き、二〇〇九年六月、ＮＨＫ朝の番組の中で、ブロンクスゾニア・ヨット・クラブから実況放送となった。それから二年後にピーターが亡くなったので、その時のＤＶＤはかけがえのない記念の贈り物となっている。

ヨットクラブの男たちは、酒好きが多い。ピーターの週末の深酒が、私の大きな危惧になってきた。そこにはピーターなりの事情があった。アメリカのトップは簡単に入れ替わる。私の研究所同様、彼の上司もフランプトン博士がリタイアした後、もう五人目の校長が着任していた。この人物がニューヨーク州から受けている資金をいじりたがっていた。教師たちの予算に手をつけるのは難しいので、メンテナンス部の基金を悪用するために、理事長と経理部長三人でぐるになって、メンテナンス部長のピーターを誘い込もうとしていた。

ピーターは倫理感の強い人だった。絡めとられないようにしなければと、誰にも言えない苦衷《くちゅう》を私にしばしば訴えた。私は彼の決意に文句なしに同意して、私なりに私見を述べた。しかし、次第にアドバイスのつもりで述べようとする私の意見を、最後まで聞かないで怒るようになった。セキュリティーの警備員の管理も彼の仕事の範疇なので、もともと睡眠障害の気配をもっていたうえに、変事があれば真夜中でも呼び出されることがあり、睡眠不足によるイライラも高じていた。

そうした中で、ピーターはひどい帯状ヘルペスにかかってしまった。それほどのストレスに耐える必要はない。他の職場を探してはどうかと提言したが、

「こんな状況では、校長が推薦状を書くわけがない」と言う。アメリカで転職しようとすると、前の職場の上司からの推薦状が必要なのだ。正に彼は身動きのできない相克《そうこく》に陥っていたのである。

ピーターの苦境と災難

ピーターに対する嫌がらせが強くなりつつあった、一九九四年五月、ピーターは校長の家のボイラーの不調を調整できないと、部下から呼び出された。運の悪いことに、彼がそのボイラーの前に立ったとたん、ボイラーのふたが飛び、二千度の灼熱がピーターの顔を襲った。企みに引き込もうとしている校長の家でのこの災難を、どう解釈すればいいのだろう?

ピーターは近所の病院に運ばれたが、その病院を含め、近所の病院のどこにも火傷専門科がなく、あらゆる病院を当たっている最中に、何も知らないまま帰宅した私を、警備員がゲートの入り口で呼びとめた。事情を聴いて、夢中で車を病院に向けて走らせた。その病院に到着したのは、もう太陽が落ちている時間だった。ピーターの顔の下半分が真っ赤に腫れあがり、口の周囲が特にひどかった。後で分かったことだったが、火傷の程度は三度であり、皮膚移植の必要はなかったが、大変な治療を要するであろうことが予想された。

ナースたちが、彼の扱いに困っていた。二千度の熱気を吸っているはずなので、気管支に炎症が起きていた場合、放っておくと気管支がふさがってしまう恐れがある。その予防のために気道に気管を入れておきたいのに、拒否し続けているということだった。私が説得しようとしても、「大丈夫だ。必要ない」と言うばかり。その間にも火傷専門科のある病院に空きベッドの問い合わせが行われていたが、マンハッタンにさえもないことが分かった。その時点で、私の勤務先と同じ場所にあるウエストチェスター病院に火傷専門科があるので、そこに連絡すると、幸運にも空きベッドがあった。しかし、救急車は搬送の途中、気管支がふさがらないように、気道に気管を入れておくことを条件とした。

ピーターは不承不承口を開けたが、ドクターが喉に麻酔を吹き付けるや、そのドクターを突き飛ばしたので、ドクターはかんかんに怒って出て行ってしまった。私が到着してからもう四時間もたっていた。私も「独りで好きなようにしなさい。私はもう知らないっ」とぶちギレした。

妊娠して大きなお腹をしていた主任ナースが出てきて、私に言った。「私の夫もアイリッシュ系でね、無知蒙昧《もうまい》な頑固さで困らせるのよ。まあ、私に任せておいて」

このナースの脅迫めいた説得が功を奏して、やっと救急車でウエストチェスター病院に運び込まれたのは、夜の十一時過ぎだった。

あの時、理解しがたいことだが、ピーターは異常に怯えていたのだと思う。それまで大病をしたことがなく、その上、医療に対する不信感を抱いていた人だったから。

隔離室に入れられて、治療は成功しつつあったが、ヘビー・スモーカーだったので、肺に溜まった痰《たん》が多く、日に何度も吸引管を入れたり抜いたりする度に、ピーターの苦しむ様子に耐えられず、私はついに「内部の管だけを吸引に使えるように、二重になった新製品があるはずだ」と口ばしを容れた。翌

日様子を見に行ったら、丁度新製品を試行しているところだった。(初めからそうしてくれれば良かったのに)

入院は六週間に及んだが、私は毎日時間が許す限り、何度もピーターの様子を見に行った。というのも、アメリカの病院の働き手たちの杜撰《ずさん》さを、いやというほど見聞していたからである。病院が研究所から徒歩で五分だったことが幸いした。

ある日、ピーターが首元のシーツを両手で丸めるようなもみ方をしている。気管が入っているので口がきけないし、痛みを抑える薬品を受けているので、本人は朦朧としている。下半身は乾いているのに変だなと思い、点滴袋を見上げたら、そこから僅かながら液体が漏れて、管を伝わり下りてシーツの上部を濡らしていたのだ。

その瞬間、同僚から聞いた一つのあるべからざる出来事を思い出した。それは、回復室で意識が回復していない患者につけてあった点滴袋を、担当のナースがまだ半分ほど残っていたのに、さっさと外して流してしまった。理由は、勤務を早く終えたかったからである。

アメリカの病院には患者の相談係りとしてＭＳＷ(医療ソーシャル・ワーカー)が配置されている。私はすぐに、そのオフィスに向かって調査を依頼した。翌日受けた報告によれば、点滴袋に人工的に開けられた穴があったという。(何のために、誰が?)ソーシャル・ワーカーには答えられなかった。代わりに、病室の入り口で見張りをするナースを個人的に雇うことを勧められた。しかたなく、ピーターの気管が抜けて、話ができるようになるまで、この特別プランを実施することにした。

一時も気が抜けないでいたところへ、ピーターは院内感染症にかかってしまった。損傷した皮膚が露呈しているために、恐れていたことが起きてしまったが、幸運にもバンコマイシンの効果で回復することができた。

私はみるみる痩せてきた。仕事を休んでいいと上司が申し出てくれたのだが、仕事をしているほうが気もまぎれるし、病院はすぐそばだからと断った。

毎日見舞いに行くと、気がかりなことが目について気が休まらない。そうこうしているうちに、ニューヨーク領事館から天皇・皇后両陛下の御訪米祝賀会への招待状が届いた。この祝賀会は、皇族と親しいロックフェラー一族がホストであり、会場は五番街のメトロポリタン美術館内のホールだった。日本人二百人、アメリカ人二百人が招かれていた。祝賀会は六月十五日だが、それまでにピーターが退院できて、口元のひどい火傷が完全に癒えているだろうか？

気管が外されて、口がきけるようになると、ピーターが病院から連れ出してくれと言い始めた。「医者が信用できない。この前は、虎のいる檻の中に放り込まれた」「ナースが無理やり異物を口の中に押し込んだ」などと訴えるので、「痛み止めのモルヒネの副作用だと思う」と言っても納得してくれない。「今のうちに弁護士を雇っておいてくれ。この病院を訴える」「何故、連れもどってくれない」「お前はひどい人間だ」

帰りの車の中で、私はこの先どうなっていくのだろうと不安が募っても、聞いてもらええる人がいるわけでもなく、一人で耐えるしかなかった。

やっと退院した日、

「君はわざとあの病院を選んで、僕を苦しめた」と彼は私に言い放った。背筋が寒くなるとは、こういうことかと思った。余りのことに、体中から何かがすっぽり抜けていくのをどうしようもなかった。「あの病院に行きついた経緯は、最初に運び込まれた病院の主任ナースに聞きなさいよ」という、私の言葉に耳を傾けようともしない。これが、この人の心の底に潜んでいた「暗闇」だったのだ。

祝賀会当日までに火傷のあとがきれいになり、私たちは二人で祝賀会におもむいた。日本から中曽根、宮沢前首相たちの御顔も見えた。アメリカ人の招待客の中には著名なマスコミ関係者たちも混じっていた。当時、国連大使だった雅子妃殿下の御尊父が、そこにおられるかどうかを、私に尋ねたアメリカ人記者がいた。

当時のニューヨーク市長だったジュリアーニ氏が歓迎の辞を述べたが、「ニューヨークと日本」と言うべきところを、「ニューヨークとイタリー」と、はなはだしい間違いをしたが、言い直そうともせずに辞を結んでしまった。ちなみにジュリアーニ氏はイタリー系アメリカ人である。帰宅後ラジオを入れたら、驚いたことに、その夜のニュース解説者がそのことを早くも報道していた。あれは、緊張のあまりの単なる言い間違いなのだろうか？　タフなアメリカの政治家が、あの場でそんなに緊張するだろうか？　天皇、皇后陛下が軽んじられたとは思いたくないが、それ以来ジュリアーニ前市長に対する私の疑念は消えていない。

ピーターの言動と重なって、人は重要な場面で、思いがけない「正体」を晒《さら》すのではないかと、祝宴の後にはふさわしくない気持ちに包まれた夜だった。

姑の死

時は遡《さかのぼ》る。アイルランドの姑は気の毒なくらい、私に気を使ってくれた。貧しい中で純毛の毛布や、アイルランド特産の乳白色の花瓶などが届くたびに、彼女の私への気遣いが感じられた。彼女の目が次第に悪くなり、手紙が間遠くなった。その頃、ピーターは一度、アイルランドに母を訪ねて二週間ほど一緒に過ごしたが、姑が全盲になって入院した後は、めったに母親への手紙を書かなくなった。代わりに、私が毎週一通のカードを送ることにした。そこはお手のもの。盲人用のカードは盛り上がった線で絵を描いているので、その中から選んだものや、私自身の手作りカード、光は見えるのできらきら光るカードなどに、メッセージを添えて、ピーターと私の名前を書いて送った。メッセージは介護のシスターたちが読んでくださっていた。

折々に、姑に会いに行くように勧めると、

「若くて元気だったマザーだけを記憶していたいから、行かない」と言い張る。

「それは、あなたの考えでしょう？　マザーの気持ちも考えてごらんなさいよ。絶対に愛する息子に会いたいと思っておられるわよ」

すると、彼は沈黙……こんなことの繰り返しをしているうちに姑が亡くなって、葬儀も終わったことを義妹から知らせてきた。兄からではないことをちょっと不審に思った。更に、何故葬式の知らせが来なかったのか、私には理解できなかった。そのことについては、ピーターの死の間際に、英国から駆けつけた義兄の口から明らかになるのを待つことになる。

ピーターはその手紙を読んで、黙って涙していた。私はその肩を抱いてあげることしかできなかった。

ピーターの定年退職

一九九六年、私は研究所をリタイアした。ピーターは六十六歳でリタイアしたかったが、校長たち三人の嫌がらせはひどくなるばかりだった。アメリカでは六十五歳でソーシャル・セキュリティ年金がフルに支給されるのだが、彼らはその前に追い出そうと画策していた。様々な屈辱的な扱いを受けている中で、キャンパスの教職員達がピーターの後押しをはじめた。キャンパスの職員たちは、彼が優れたエンジニアで、障害児たちへの気遣いをしてきたことを高く評価し、彼に頼ってきた部分もあったのだ。教職員やメンテナンス部、警備員たちの自発的な署名運動のお陰で、ピーターは六十五歳と七ヵ月でリタイアすることになった。

キャンパスの家を出なければならないので、利便性の高い地域に手頃な家を購入した。目の前にカトリック教会やバス停があり、歩いて行ける距離に様々な店やレストランがあるので、車を運転できなくなった時のことを考えた上で、この場所を選んだ。

しかし、その後も退職金を勝ち取るために、弁護士を雇わねばならず、心身をすり減らすような一年が続いた。勝ち取っても、ピーターの荒ぶった気持ちは治まらなかった。

その後、校長が雇ったピーターの後釜は、企みに乗ったものの、分け前で揉めて辞職した揚句、校長たちの行跡を密告。校長は逮捕され、保釈金は理事会会長が払った。それからすぐ会長が死亡し、校長と計理士は解雇されたという。この展開も、ピーターを満足させることはなかった。彼自身のアイデンティティー（実存と誇り）だった職場で、最後に与えられた痛手は深すぎたのだ。

「与えられている幸せなことを数えましょうよ」という私の慰めも、彼の心に届かず、ヨットクラブや近くのバーから、ぐでんぐでんに酔って帰宅することが多くなった。酔ったまま友人の手伝いに行って、肩の骨を折ったり、帰宅途中につけこまれてかっぱらいに出会ったり、散々な目にあった。今まで彼の口から聞いたことのなかった、耐えられない言葉遣いも増えた。

ボタン付けのような小さなことを私に頼む時さえ、丁寧な言葉遣いをしていた人が、どんどん壊れていくような恐ろしさが、まるでパノラマのように広がっていく。ピーターの敵意が次第に私に向けられるようになり、そこに居合わせていた友人から、「ヘイ、ピーター、ヒサコは君のベストフレンドだぞ。考えろよ」と、たしなめられることもあった。

かつて、周囲から「ジェントルマンのピーター」と言われていた人が、少しずつ化けていく。合間に「ジェントルマン」を取り戻すことはあったが、私は怒りや失望で自分自身が冷たくなっていくのを感じていた。他人には向けない敵意を私に向けるのは、私の方にも責任があるのでは……。相談したいリアンは、もういない。一人で考え、耐えるしかなかった。決して暴力を振るわれるようなことはなかったが、二人三脚の相棒が、私の中に怒りや失望の感情を掻き立てるような言動を、抑制できなくなっていることが辛かった。

私はそんな時、自分の中にある「優しさ」を確認するために、ボランティア活動に出た。何よりも辛かったのは、私が絶望的な怒りや、瞬時にもせよ、ピーターの頓死さえも願うようになった自分と向き合うことだった。そんな自分を救ってくれていたのが、シニア・センターでの小さなボランティア作業だった。

だが、遂に私は離婚を決意する。ピーターが「ジェントルマン」を取り戻した日に、離婚手続きに協力してくれるよう申し出た。ピーターの顔が青く凍りついた。

よほどショックだったらしく、それを機に飲酒がぴたりと止んだ。ヨットクラブのパーティーでもノンアルコール・ビールをオーダーする様子を、友人のメンバーが伝えてきた。子どものように「今日、飲んだものは……」といちいち私に報告するので、「いい子ですこと！」と応答して、二人で笑いあえる和やかな時間が戻ってきた。ピーターは火傷治療の後、禁煙しており、ここにきてアルコールからも手を引いた。

だが、遅すぎた。その数年の間に、彼の体の中では異変がひそかに進行していたのである。

ピーターの重病

二〇〇八年夏、ピーターは一人でアイルランドと英国へ、兄、妹、そして友人たちに会いに行った。アイルランドでは好きな魚釣りを友人たちと堪能し、英国で兄妹たちに再会した。帰ってきたピーターは、四十年間も会うことのなかった兄が、スタフォードシャイアーから、リバプールの妹の家に来てくれたことを、少しはにかんだ口調で「嬉しかった」と話しながら、再会した日の写真を見せてくれた。

それまで、クリスマスカードだけの交換が続いていた兄と弟だった。それも、私たちの結婚後に始まったもので、私は今も、カードを受け取った時のピーターの驚いた顔が印象に残っている。日本でも男兄弟は女姉妹ほどに親密ではないので、この二人もそんなものかと思っていたに過ぎない。

この旅が彼の最後の母国訪問となった。頭は英国に、ハートはアイルランドに属している人。それがピーターだった。

翌年、ＮＨＫニューヨーク支社によるヨットクラブからの生放送や、友人のピアノ・コンサートなどがあり、昔のように二人で楽しむ機会が少しずつ増えてきた。

私たちはそれぞれに必要なサプリを結婚後から服用してきていたが、その頃、ピーターのサプリへの傾倒ぶりには首を傾《かし》げたくなることがあり、観察していると、時折食べ物が喉につかえているような様子だった。当初は老人にありがちな「嚥下障害」かと思い、喉越しのいい料理を作った。日本から友人が送ってくれた「栄養剤入りのとろみ」が、しばらくの間助けになったが、次第に食べ物を吐くようになった。医者に診て貰うように勧めても聞き入れてくれず、その内に体の痛みを訴えるようなった。それでもまだ、サプリを買い込んでくる。体重がどんどん減っていく。昼間もベッドに寝ている時間が長くなった。

ところが、私に黙って、橋を渡った向こうにある病院で内視鏡検査を受けたことを、本人からではなく、その病院の係りの医者からの連絡で知った。家の近所に有名な病院があるというのに、何とわけのわからん事をする人なのだろう。しかも、内視鏡検査の結果、バイオプシー検査は受けないと決めてしまっていた。

「あなたを本気でケアするのは、私だけなのよ。それなのに」とこぼしながら、一体ピーターは何を考えているのだろうと、私は途方にくれそうになった。

私は毎日、何か食べられるものを……と考え、ピュレ状態にしても味が落ちない料理に苦心を重ねていた。だがそのすべてを吐いてしまうピーターを見て、泣きたい思いだった。「これ以上、どうすればこの人が体重を失わないでいられるかしら？」かたっぱしから、友人、知人にアイデアを求めた。みんなが「ドクターはどんなアドバイスをしているの？」と聞く。その時点で、私は行き止まりとなるのが常であった。

冬が来た。ニューヨークは例年よりも厳しい気象に見舞われていた。豪雪、氷雪が絶え間なく襲ってくる。ニューヨーク市では、家の周囲の舗道の除雪はそばの家の住人の責任になっている。雪が止んでから三十時間内に舗道の除雪をしていないと、七百ドルの罰金が科せられる。罰金以上に怖いのが、滑ったの転んだのと訴訟を起こされることである。従って、降雪は住人の頭痛の種になる。ピーターは、男の仕事だから、自分の責任だからと言って私が除雪の手伝いをするのを、とても嫌がった。

朝から濡れ雪が降り続いたある日、ピーターにはこんな重い作業はもうできないと考えて、私は何度も雪かき作業をしていた。家の周囲の舗道は約百メートルもある。何回も武装して出ていくと、除雪した後にまた積もっている。街灯がつく時間になっても氷雪が落ちてくる。疲れきって道路の向こう側に目をやると、男性が除雪機を使っているのが見えた。膝まで雪に漬かりながら、その男性に近づいて助けを求めたら快諾してくれた。ひと安堵して家に入ると、ピーターが階段にへたりこんで頭を抱え込んでいた。そばに雪掻《か》き用の長靴が置いてある。自分がやらねばと、気持ちを奮い立たせて下りてきたのだろう。私は声を張って言った。

「大丈夫！　近所の人が除雪機でクリアしてくれることになったから。それに私、無理なんかしていないから」

力尽きて座り込んでいたピーターの姿が切なくて、辛くて……、それでも私はカラ元気を見せねばと思った。あの時の彼の絶望的な表情が今も忘れられない。

そのうちに、ピーターの顔に黄疸色が広がった。夜昼となく「痛い」と訴えるようになり、うめき声で私は熟睡できなくなった。だが、ピーターはそれ以上にもう数ヵ月も睡眠を奪われていた。それでも彼は医者に行こうとしない。ある夜、私はソファで編み物をしながらテレビを見ていた。そこへ、ピーターが目の前の階段を下りてきて、私のそばの椅子に腰を下ろした。体つきがもう骨組だけになってい て、見るのも辛く、私は黙って編み針を動かし続けた。

ふと目をあげると、そばの椅子が空いている。私は、いつピーターが立ちあがったのかさえ感じなかったのだ。人の気配すらも感じさせずに、彼は二階へ消えた！　私は、幽霊と一緒に暮らしているのか！　もう、一刻も猶予ならない。

暦は二〇一一年一月。

忘れもしない一月四日朝、私はヨットクラブのピーターが信頼していたメンバーに会いに行った。そして事情を説明し、たまたま立ち寄ったふりをして、ピーターに近所の有名な総合病院に行くことを勧めて欲しいと頼んだ。同日の午後、そのメンバーが来てくれた。ピーターの顔を見たとたん、このメンバーの顔に一瞬影がさした。

「クラブの様々な管理面で君が必要なんだから、とにかく、病院できちんと治療してくれよ。暖かくなったら魚釣りにも行こう」などと説得してくれた。その場では確答せずに、ピーターは這うようにして二階に上がっていった。

永別

四日、ピーターが「病院に行く」と、穏やかな表情で言った。ああ、やっと決心してくれた。

「じゃあ、これから行きましょう」

「いや、明日にする」

「どうして？」

「身ぎれいにして行きたい。今日はもうそうする体力がないから」

彼の表情から、逃げているのではないことを感じた。人前に出る時の身だしなみに気をつける人だった。一日遅れても、状態がどうなるわけでもない。私は既にピーターの息遣いが、リリアンと最後に会った時に嗅ぎ取った「死の匂い」を発しているのに気づいていた。だから、彼がこの家を一歩出たら、もう帰ることはないことを覚悟していた。その日、翌日身につけたい衣類をピーターに選んでもらい、新しい下着を整えた。長い間見たことのなかった静かな表情から、彼もまた同じ覚悟をしていることが感じられた。

五日朝、ピーターがシャワーを浴びている間、私はバスルームのドアの前で待機していた。ヘルプが要るなら呼ぶことを約束させていたが、その必要はなかった。身支度が終わるのを確認してから、救急車を呼んだ。救急車に搬入される前のすべての手順が終わり、私も同乗してマウントフィアー総合病院に向かった。途中、ピーターが頭をもたげて通りを確認する様子をした。もう帰ってこない道。あの時、あの人の胸に去来していたものは何だったのだろう。

午前十時に到着した救急科には、早、二十人余りが既に運び込まれていた。そこは、戦場のような有様だった。ピーターの検査が次々に行われた結果、急遽、入院ということになったが、空きベッドが見つかるまで救急科にとどめられることになった。午後七時になっても空きベッドの知らせはなく、私はへとへとになっていた。後ろ髪を引かれる思いで、タクシーで帰宅し、就寝前に問い合わせを二度したが、まだピーターは移動させられていなかった（排尿や排便の始末をちゃんとしてもらっているのだろうか……）。

翌朝一番に問い合わせをしたところ、午前三時に三階に入院できたと知って、すぐ飛んで行った。ピーターの頬は一晩でげっそり削り落とされたように変貌していた。それを見てこの先が案じられたが、兎も角、十数年前から準備してあった「延命装置なし」「無駄な蘇生なし」の「ヘルス・ケア（終末医療）書」を担当医師に渡して了解してもらった。

私たちは、入院することでピーターが睡眠をとれることを願っていたが、逆の状態になってしまった。数時間置きの血液採取、心拍検査、シーツの取り換えなどで、起こされることが多く、自宅で苦しんでいた時の方が楽だったのだではないかと思えた。夫も私も最早《もはや》手の施しようのない段階まで進んでいることを自覚しており、痛みの緩和治療だけを求めているのだと説明しても、ドクターたちは病院としては基本的な検査だけはすることになっていると主張する。検査のたびに、ピーターの体力が落ちていく。処方薬のために、下痢が頻繁になっていた。ある日病室に入ると、介護士が間に合わないまま、ピーターが汚物にまみれていた。彼を背負うようにしてトイレに連れて行き、震えている両手で洗面台に体を支えてもらい、下半身を拭い始めた。臀部《でんぶ》の骨が飛び出していて、もう骸骨のような体だった。胃癌は全身を蝕《むしば》んでいた。

「ああ、こんな力のない、役立たずの体はいらない」と、ピーターの絞り出すような声を聞き流すふりをして、私は唇を噛みしめながら、ただ、彼の体をきれいにすることだけを思っていた。リタイア前に不当な扱いを受けて傷ついていた彼の誇りは、又、病魔による屈辱的な終末にダメ押しをされている。私は入院して数日もしないうちに、ピーターの血管には点滴の針も採血用の針も通らなくなった。私は入院が正しい選択だったのかどうか、罪の意識さえ感じ始めていた。

ピーターは「ああ、眠りたい。十分な睡眠をとりたい」と、私の顔を見るたびに訴えた。無理もない。この半年ほど、痛みのためにまともな睡眠を剥脱されていたのだから。しかし、ドクターたちはもう少し様子を見たいと言い、睡眠薬や痛み止めの量を加減することはなかった。

ニューヨークでは、法律上、遺体の引き取り先は葬儀屋でなければならない。アメリカの葬儀には平均五万ドル（一ドル百円として五百万円）掛かるという。私は、ピーターが入院すると同時に、ピーターの意思に基づいて、近所の葬儀屋に「通夜も葬式もなし。即、火葬」での費用調査を始めたところ、各葬儀屋で違うことが分かった。そんな中、友人の山本薫さん（グリニッチ国際学園園長）に相談したところ、彼女のアメリカ人の知り合いが良心的な葬儀屋と懇意なので、一月二十四日に同行してくれることになった。

入院五日目、私は担当医に面会を求めた。知らせるまでもないことと控えていたが、私の経歴を述べたうえで、「夫の病状について、覚悟はついているのです。今後はただ痛み緩和だけを実施して欲しい」と、お願いした。

医者は偶然にもニューヨーク医科大学卒業生だということが分かり、私の申し出を理解してくれた。

「分かりました。では、ホスピスへ移動ということになります」

「ええ、そうです。道路向こうのキャルバリー・ホスピス病院に転院できるよう、お手配お願いいたします」

ちなみにキャルバリー・ホスピス病院は世界的にも著名な病院であり、私も日本からの研修訪問者たちを案内したこともある。

「ところで」と医者が続けた。「あなたのご主人は、看護師たちにサプリの話をしているそうです。研修医たちに少しその話しをしてもらってもいいでしょうか?」（あー、ピーターのお喋りが）と思ったが、彼は右脚にできていた血液凝固を、サプリで直した経験がある。研修医にとっては、何らかの参考になるかもしれない。ピーターに打診したら、快諾した。彼は、他人に知識を披歴するのは好きな方だったから、若くて美人の研修医二人が来ると、まるで痛みが吹っ飛んだかのように、一生懸命説明し始めた。あれが、ピーターにとって自尊感情に明かりを灯してもらった最後の場になった。研修医たちは謙虚に、真剣な顔でピーターの言葉に耳を傾けてくれた。ストレス一杯だった私の胸が少し暖まる、たった一つの出来事である。

一月十二日、ピーターが私に言った。

「死ぬことがわかっているので、今のうちに会っておきたい人たちに連絡を入れてほしい。それから、英国の妹とアイルランドの友人たちにも、知らせておいてくれ」

英国の義妹ルビーに電話でピーターの状態を伝えたところ、彼女から事情を聞いた義兄のトムから電話が入り、ニューヨークに来るという。ピーターはそのことに「何のために来るんだ。お金も時間も無駄になるのに」と反発した。私は茫然として二の句が継げない。致し方なくその旨をトムに電話すると、電話の向こうで溜息が聞こえた。

「いかにもあいつらしい。ほんとに変わっていない。でも、行きますから」

トムから直接ピーターに電話させたところ、不承不承、了解してくれたらしい。

一月十四日朝、ピーターから「病院からキャルバリーに転院する可能性があること、転院が終わったら連絡するので、それまで来る必要はない」という電話が入った。その日の夜六時過ぎにはキャルバリーに転院させられていたことを、翌朝担当ナースからの電話で知った。

すぐ、駆けつけた。今回は案内者としてではなく、家族の入院先を訪ねる者として。この年の冬は毎日のように、吹雪に見舞われて運転は厳しかった。

ピーターは呼吸マスクをつけられ、形相がより一層険しく変貌していた。ピーターのシーツを整えていると、廊下から大声でののしる騒ぎが聞こえた。出てみると、「あれほど言ってあったのに、お前たちはちゃんとやっていないじゃないか。この畜生どもが。この始末をどうしてくれるんだ」と叫んでいる一人の男性が、別の場所へ押されていくのが見えた。

嫌な予感がした。

又もや、この病院が不必要な検査をしたがったので、これでは緩和ケアどころではなくなると考え、私は専任のソーシャル・ワーカーに「痛み緩和」のみを要求した。その間にも色々なことがあった。心理カウンセラーが馬鹿ばかしい提案をしたり、担当の医者は私からの「余命について」の質問をはぐらかしたりする。入院室にテレビがあったがピーターは見ない。静かな部屋にいたかったからだ。だが、掃除人が勝手にテレビをつけて見ながら掃除をした後、消さないで出ていく。ピーターは自力で立ち上がることもできないので、その度に人を呼ばねばならない。出された食事は、もはやピーターは食べることができない。どんな食事なのか、私は味見をしてみた。可もなし不可もなし。その私に看護婦が文句を言う。（これが、キャルバリー・ホスピス病院の実態なのか！）近所の知り合いに愚痴ったら、彼女も母親をキャルバリーで終末を迎えさせたが、腹の立つことばかりだったと言う。本当に大変なことになったと思ったが、「他の施設はもっとひどいかも……」と多くの知人が言うので、ともかく毎日様子を見に行くしかないと諦めた。アメリカ人によるサービスが悪いことは私も熟知しているが、（世界でも顕著なキャルバリーがこれか！）私の失望は大きかった。

ピーターのベッドの縁には電話がとりつけてあり、いつでも連絡が取れるようになっていたので、アイルランドの友人たちにこの電話番号を知らせて、最後の別れをしてもらった。

一月十五日、英国の義兄トムが到着した。初めて会う人だった。中肉中背の、姑によく似た顔をしており、穏やかな人柄であることが一目で分かった。その日の午後、トムを同伴してピーターに会いに行った。二人の兄弟はその三年前に英国で再会している。ピーターはトムの顔を見ると、突っぱねたことはまるでなかったかのように、「来てくれてありがとう」と頬笑みながら言った。

「今日の具合はどうだ？」と話しかけながら、トムはそばへ寄って行った。二人が気兼ねなく話ができるように座をはずしたので、その間どんな会話が交わされたのかを私は知らない。弟に対するこだわりがあったとしても、弟の末期に駆けつけた兄に、弟への愛が失われていたわけではない。疎遠だった兄弟が緊密さを取り戻す時間であってほしいと願いながら、私はナースステーションの片隅で入室する時間を見計らっていた。

それから毎日、トムと二人で病院に出掛けて行った。トムは私の雪かきを手伝いながら、こんなに多くの雪を英国では見たことがないと、驚いていた。また彼が家の中を見回しながら、「弟がこんなに成功するなど考えられなかった」とつぶやいたのを、私は聞き洩らさなかった。一体、この兄弟の間に何が起きていたのだろう？

一緒に過ごす時間といっても食事の支度の合間なのだが、トムが少しずつ幼少時代からそれぞれが独立するまでの話を口にし始め、私はピーターのことについて未知の側面を知ることになった。姑の葬式日をピーターに知らせようとした妹を阻止したトムの理由―それは、子ども時代に母親をひどく泣かせたにも関わらず、入院中の母を見舞いにも行かず、送金もしてくれなかったことにあった。私は、送金をしていたことや、見舞に行かなかった理由が「健康だった母の面影をこわしたくない」というピーターの、幼稚なわがままであったことなどを説明した。

ピーターから少しは聞いていた子どもの頃の話には、私の父の体験に共通した部分があった。だが、トムに聞かされた幼少期は靴も買ってもらえないほど貧しかったこと、近所の農作業を手伝ってじゃがいもの報酬をもらっていたこと、ピーターがいつの間にか煙草を吸うようになり、母親にお金をせびっては困らせていたことなど……、胸を締め付けられるような様々な哀しいエピソードに満ちた幼少時代の話は、具体的だっただけに恐ろしく胸に響いた。今は建築関係で成功して豊かな生活をしているトムにとっての懐旧談には、私が初めて知ることが多かった。ピーターは、母親や兄にとっては難しい存在だったということのようであった。

道理で、姑が私に対してあんなに気を遣い、感謝までしてくれたことには、こうした背景があったからなのだ。ピーターに縋《すが》るような、言い聞かせるような言葉かけをした理由も理解できる。

時にはさらりと流すような話し方で、深くは語らないが、トムには兄としての苦悩が感じられた。

「ヒサコ、私は弟が独立してからのことを、殆ど知らないのです。あなたが知っているピーターを教えてください」

トムは多分、半世紀も経ってから、初めて弟の人生に強い関心を寄せたのではないだろうか。だが、私はピーターとの間で起きた、本当に辛かったことについては語らなかった。妻として夫の尊厳を守りたい気持ちが強かったこともあるが、トムの骨組だけの「弟観」に真の意味で大切な肉付けをして、その「像」と共に英国に戻ってほしかったからである。

一月十八日、霙混《みぞれ》じりの大吹雪で明けた。積雪すでに十五センチメートル。氷の上に雪、その上に氷と、段重ねになった除雪は容易ではない。まして、車の運転など考えられない日になった。早速ピーターに電話して、「今日の見舞いは無理」と伝え、トムと一緒に吹雪の中で舗道の除雪に取りかかった。

やっと一息するために家に入ると、ピーターから電話が入った。苛々《いらいら》した声音だった。

「これは私の最後の願いだ。――に、○額を、――に○額を贈ってくれ」

（途方もない金額を、お世話にもなったことのない人たちや、私の知らない人たちに、何故プレゼントしなければならないの？）驚いた私は辛うじて声を出した。

「ちょっと待って。その話しは会って、もっと説明を聞いてから、出来るだけのことはするから」

そう言ったとたん「何故私の言う通りにできないんだ。出来るだけのことはするなんて言うな。ちゃんと約束しろ。裁判に持ち込むぞ」と信じられないような事を、大声で叫び始めた。「ベストを尽くす」という私の言葉に、「ちゃんとやると言え。何故それが言えない」と繰り返し言うピーターに私は、「ああ、うるさい！　話にならないから、もう切る」と、受話器を置いた。そばにいたトムが「あんなに大きな声が出るのだから、まだしばらくは大丈夫でしょう」と言う。受話器から漏れ響くほど、ピーターの声は大きかったのだ。電話の内容を話したところ、「そんなバカなことを言っているんだ、あいつ。無視したほうがいいですよ」

私はあの時、ピーターが既に痛み止めのモルヒネで混乱していることなど想像もしていなかった。実はその二日前に、彼のベッドの縁に取り付けられていた装置に網カバーがかぶせてあった。その理由は、モルヒネによる幻視に惑わされたピーターが、夜中にベッドの縁を下ろそうとしたからだということだった。それなのに私は、彼の言葉をまともに受け止めて、喧嘩腰のやり取りをしてしまったのだ。あれが、ピーターとの最後の会話だった。今も消しきれない悔いが私の胸を噛む。だから「海葬」日の雨天は、私たち夫婦の最後の会話を再現したように感じたのである。

午後、突然、グリニッチ国際学園園長の山本薫さんから、これから葬儀屋に同伴したいという電話が入った。（約束の日は六日後だったはずだし、こんな吹雪の中を運転して行くの？）後で知ったことだが、約束の日は、山本さんが特別講義を受けなければならなくなっていたのだ。幸運なことに、彼女が迎えに来てくれた頃は吹雪が止んでいた。と言っても、除雪不十分で夕闇の垂れこめたハイウェイの運転が危険なことには変わりなかった。

葬儀屋で契約書にサインして、すべての手続きを終えたのは五時半だった。その夜の十二時、キャルバリーから緊急電話が入った。ピーターが十一時四十五分くらいに亡くなったという知らせだった。キャルバリーに入院して、たった四日しか経っていない。あまりのことに、体中から力が抜けた。私はその数週間食事をほとんどしていなかったので、立っていることすらもできず、トムに支えられながら、まずは横になって朝を待った。

朝九時、トムには家に残ってもらって、キャルバリーに一人で行った。ピーターの部屋は跡形もなく片付けられていた。ピーターの臨終の状態を尋ねると、一時間おきに見回りするナースが既に息絶えていたピーターを発見したのだという。すると、十一時四十五分というのは、あくまでも推定時間だったのだ。誰の看取りも受けることなく、夫は逝ってしまったのだ。妻として最良の友人として、私はどんな状況下でも看取りの役目を果たすことを、自分に誓っていたのに。吹雪の夜、ピーターは独りで、どんな思いで最後の息を吐いたのだろう?

あの人は私に「グッバイ」も「サンキュウ」も言わずに去って行った。（バカヤロー！）引き裂かれるような悔いと、キャルバリー病院の患者への目配りのなさや、親族への気配りの欠如に、言いようのない怒りが湧いた。

遺体は地階の安置室に置いてあり、親族でも会わせることはできないという。係りのシスターに交渉したが、「法律上会わせることはできない、遺体は葬儀屋にしか渡せない」との一点張りだった。これが、アメリカの実情なのだ。ピーターの私品を受け取ったが、新品だったものが入っていない。その行く方は誰も知らないとのこと。病院の誰かが持ち去ったのだ。この国ではよくあることだが、やっぱり腹が立つ。悲しみ、怒り、後悔が怒涛のように私を包む……。

ともあれ帰宅し、葬儀屋に連絡をした。電話の向こうで「おー」と驚く声がした。前日午後五時半の契約成立から、六時間後に該当人物が亡くなったのだから無理もない。もし、山本薫さんのスケジュールが前倒しになっていなかったら、私はどうしていいか分からず、気が狂うところだった。

その日の午後二時、葬儀屋から「遺体の準備ができた」と連絡があった。私は運転する気力が落ちていたので、友人のレイモンドに車を出してもらった。

ピーターの目はとじられていたが、口は開いたままになっていた。部分入れ歯はきちんとはめられていたが、(口も閉じてくれていたら良かったのに……)と思った。冷たい額に最後の別れのキスをして、一輪の花を胸の上に乗せた。火葬場に一人だけで旅立たせるには忍びなかった。この花は、露可《ロカ》(海葬の日に、遺灰を散華する墓所を移動させた男児)のママ、雅代さんから頂いた花束の中にあり、今まで見たことのない花火のような一輪だった。入院から死まで、たった十三日間のあわただしくも、短い死出の期間は花火のように儚《はかな》くて、この花はピーターを同伴するにふさわしい花だった。

ニューヨークでは、火葬場に親族は行かない。遺灰にするまで二日かかると知らされた。その二日間に私は、トムをヨットクラブに案内して陸揚げしてあった『HISAKO　MARU』を見てもらい、クラブのメンバーに引き合わせた。メンバーたちによってトムの知らない、律儀で頑固で、クラブの総督を二年間果たしたこと、エンジニアとして、多くの貢献をしてくれたこと等々のピーター像が語られた。クラブを出ると「私は本当に弟について知らなすぎました」と、トムが言った。

その後、ピーターが三十年以上勤務したキャンパスに向かった。私たちが住んでいた地下一階、地上三階の家を見上げて、周囲を見て回るトムの姿がピーターに重なって、私は、もうこのキャンパスには来たくないという思いが突きあがっていた。主任技師のオフィスのある建物も外側から見てもらった。「こんなに多くの建物のある、広大なキャンパスの主任技師だったとは！」と、トムがひとりごちした。ピーターの元部下たちや教員たちが寄ってきて、お悔やみと共に「とてもいいボスでした。本当に惜しい人です」と、口々に言ってくれた。門を出ると、トムがしみじみと言った。

「ヒサコ、ありがとう。あなたがいなかったら、ピーターはこんなに成功できなかったでしょう。心からのお礼を受け取ってください」と。

トムの言葉を聞いて、ピーターに対する私の胸の「しこり」が、みるみる溶けていくのを感じた。その昔聞いた、懐かしい姑の言葉が思い出された。

遺灰は二日後の午前中に葬儀屋に配送され、今回は私自身で車を運転して受け取りに行った。その日の夜、トムは英国に戻ることになっていた。

思えば、葬儀屋との契約タイミングや、遺灰を受け取るまでの一連の出来事は、人間が立てた計画の外で、大いなる配剤が働いていたとしか考えられない。ニューヨークの一月は、吹雪のために航空便のキャンセルや、ダイヤの乱れも多いが、トムのフライトは奇跡的にも往復共に問題なかった。私たちは天に見守られていたのだ。

死後手続きに必要な「死亡証明書」十二枚と共に、遺灰を通関するための税関手続きその他を、葬儀屋が準備してくれていた。骨壺は紫色の箱に納められ、リボンが掛っていた。人間一体の名残にしては、あまりにも小さくて軽い。虚しさがこみ上げた。持ち帰って、私の手元に置く分を取り分けるために、骨壺から遺灰をボウルに移した。さらさらとした白い粉はただの物質で、それを受け入れることはとてもできることではなく、一心に取り分けながら、指についた遺灰を思わず舐めてしまった。塩っぱい味がした。

そこへ、不思議なことに、あの花の贈り主の雅代さんが、エッグサンドイッチご持参で現れ、取り分けの現場に立ち会うことになった。

その日の夕方、友人のレイモンドが私を同乗させて、トムを空港に送ることになった。ケネディ空港はもう真っ暗な空に覆われていた。トムは私をしっかりハグして言った。

「私は決してあなたを忘れない」

涙が溢れそうになった。みっともないことになりそうだったので、「トム、この旅があなたとピーターの再結になったと信じています。安全な帰国を祈ります。これからも、クリスマス・カードの交換くらいはしましょうね。さあ、急いで！」と、彼を急かせながら、トムの手にある遺灰に手を触れてささやいた。

「Good-bye,Peter.Rest in peace in your motherland（さようなら、ピーター。母なる国で静かに御休み）」

帰宅して初めて空腹感を覚えた。夢中で過ごした一日だった。雅代さんが持ってきてくれたエッグサンドイッチの半分をトムに持たせてやり、残りが冷蔵庫にあることを思い出し、飲み物も準備しないで、立ったまま一口かじった。美味しさが五臓六腑にしみわたっていった。その日、私は朝から何も食べていなかったのだ。

ほんとに一人きりになった家の中が、知らない場所のように見えた。もう、ピーターはいないのだ。目を閉じて（それでも、明日を追い返すことはできない。ともかく、今夜は眠らなければ）そう自分に言い聞かせた。

なぜ私たちは？

国内外から、お悔やみの電話やお花、ご香典が届き始めた。女友達たちがお料理持参で訪れてくれた。置場もないほどの花に囲まれて、私の神経は張り詰めていた。目に見えて体重が落ち、頬がこけていく。

そんな中で、遺品の整理を始めた。私には不必要な専門書、靴や衣類、手紙や写真類など、驚くほどの量とタックルしながら、（ピーターはいなくなったのだから、未練を残すような物は放り出そう）夢中で放り出した。そして、クローゼットの奥に山のように積み上げられた靴箱にたどり着いた。それは二十足あまりの新品のスニーカーだった。子どもの頃、靴を買って貰えなかったピーターの哀しみは、癒されていなかったのだ。もう、何時でも、どんな靴でも購入できる人生に入っていたのに。ふと、草鞋を履いた私の父が、重い郵便袋を幼い背に担いで霜を踏んで歩く姿が胸をよぎった。

愛する人を失うと「喪失感」に悩まされるという。私は「喪失感」よりも、「空漠感」に包まれてしまい、それが「ピーターにとって、私との四十二年間の結婚生活には、どんな意味があったのだろう」という疑問にまで、広がっていった。更に、何故、私は彼を夫にし、ピーターは私を妻にしたのか、とも。

「空漠感」は、ピーターが亡くなって一ヵ月後のある朝、思いがけない形で私を襲った。約束先へ出かける準備をしていたところへ、吹雪で危ないからキャンセルするという電話が入った。履いていたブーツを脱ぐために階段に座ってかがんだとたん、コトンと心臓が落ちたような気がした。足元から、（私は一人ぼっち）という茫々《ぼうぼう》とした霧が上がってきて、上半身を起こすことができない。体を二つ折りにしたまま息を詰めた。（今日は一人でいると危ない！）と思った。それまで、私は一人で様々な後始末に没頭しており、例えヘルプでも他人はいないほうが楽だったのだ。

やっと上体を起こしてブーツを脱ぐと、這うようにして電話に近づいた。ダイアル先は昔の同僚で友人のヘレンだった。彼女はじっと私の心情に耳を傾けて、合間に適切なコメントを挟んだ。彼女はアメリカ人にしては珍しく長電話を嫌う人なのだが、その時ばかりは二十分以上、私に付き合ってくれた。客観的で冷静な理解をベースに私の危うさを支え、ピーターに対して私が抱いていた〝Unfinished Business（宙ぶらりんの終わり方）〟を、複雑な思いでもてあましていることについても、きっちりと纏《まと》めてくれた。その上で言った。

「ピーターはあなたをadore（敬慕）し、とても愛していたわ。私たちにはよく分かっていたの」療法マインドの持ち主が友人であることが幸いして、私はこの日の危機を逃れることができた。

それからも「空漠感」は果てしなく広がっていくような感があった。特に夕方の時間が耐えられなかった。太陽が沈む時は「魔の刻」だと知った。

夫逝きて二年なるも独り居の身の置き所なき夕闇の家

スーパーマーケットでいつの間にかピーターの好物を買っていたり、正に入眠しかけている時に「ヒサコ、ヘルプ、ミー」という声が聞こえたりすることが何度もあった。だが、私は自分の中に間欠泉のように吹きあがっては落ちる感情や思いを、一人で囲い込み、沈思することを守り続けた。それは、半世紀以上も前に起きた事故の体験から学んだことであった。少しずつ、冗談のように漏らし始めるようになったのは、二、三年も過ぎた頃からだったように思う。

入れ込み先のロス

二〇一四年五月、私は止めようと思っていた庭の小さな菜園を耕してもらい、トマトの苗を植え、そばにオクラの種を埋めた。育てる対象があるのはいいものだなと思いながら。今も続けているコミュニケーション・セラピーも、子どもたちを育てる手だてである。日本での講演ジプシーも、他者とのコミュニケーションを図る手だてである。そこには理屈ではない私なりの〝Emotional Investment（気持ちの入れ込み）〟が伴われている。

そこまで、思いを巡らせてはっとした。ピーターが亡くなってから私に取り憑《っ》いている「空漠感」は、私が知らず知らずのうちに全力で投資していた〝Emotional Investment〟の対象が消えたことにあったと。正直に言って、自分ではそれほど入れ込んでいたとは思っていなかった。私はもともと小心なので、破綻を防ぐために、夫婦といえどもある程度のスペースを置き、彼が必要とすることや時にだけは介入を惜しまないことを実行していたつもりだった。だが、亡くなってみて初めて、私は無意識のうちに「自分」をピーターに全額投資していたことに気づいたのである。

何故!?

一つの大きな答えが、次の答えにつながっていった。

父とピーターが重なった。二人の子供のころの生活は似通っていた。父は自分が受けられなかった

「高等学問」を私の上に賭けた。その父を私は切ない思いと共に胸の奥深くに抱きこんで、感謝しながらもかすかな罪の意識―父が私のためにしてくれたことに十分に報いていない―から逃れられないでいた。

だからピーターに出会った時、私は無意識に彼の希望を実現する手助けをすることが、父への思いを具象化できることになると、ピーターを償いの対象にしたのではあるまいか。そういう意味で私は「妻」というより、「媒体」だったのではないかと思う。

一方で、ピーターは私に「母」を求めていたのではないだろうか。苦労させた母に対する相克的な感情を解きほぐすことのできる関わりを、彼女と似た私の身体障害に手掛かりを掴んだうえで、私に求めていたのではないのか?……深い海から網を引き揚げるように、考えられるだけの推理が浮き上がってくる。

私は「妻」役も「母」役も中途半端で、「同志」関係のエレメントの方に傾いていた。悲観と楽観のバランスに欠けていたピーターのキャリア上昇志向を助けるために、私は論理的な説得を重ねるしかなかった。そこには、損得も一緒にかぶる「妻」の意識が少しあったが、この人の持っている力を惜しむ気持ちが、その原動力になっていたのだ。

ピーターが亡くなった年のクリスマス時、アイルランドから電話があった。ピーターが二〇〇八年に滞在した家族の一員からだった。当然、ピーターの想い出話しが出た。

「パブでちょっと酔ったピーターが、あなたのことを随分話したわよ。凄くあなたのことを愛している様子だったわ。でも、これ、言っていいものかどうか分からないけど、あなたに対して多少の劣等感を持っていたような言葉も聞いたわ」（「劣等感」だなんて！）意外だった。私はピーターに対して一度も優越的な言動をとったことはないし、取れるはずもなかった。二人の職業分野は全く異なっていたし、私は彼のエンジニア・スキルに頼りっぱなしだったのだから。ピーターも私の仕事を尊重し、入院中でさえ、私がセラピーを休止することに反対した。毎年秋、私が日本に講演旅行のために出掛けている間の一ヵ月間を、一人で留守番をすることに不満を漏らしたこともなかった。驚いたまま、「何に対して？」と問う間もなく国際電話は切れた。

受話器を置いて、私は思わず日本語で「ああ、ピーター、あなたの秘密を聞いちゃった」とつぶやくだけだった。

吹雪の夜、独りで旅立たせてしまったことに対する私の悔いは、今も癒えていない。あの夜、吹雪は止んでいた。病院から知らせがあったらタクシーででも駆けつけて、私はきちんと「看取り」をする役目を果たすことができたはずだ。電話での激しいやり取りを償う機会にもなったはずだ。そうすることで私なりに決着をつけることできたはずなのに。

ある日、九十四歳のマギーが私に言った。

「あなたの夫は、何よりも最後の別れの辛さをあなたに味あわせたくなかったのよ」

私たち二人の結びつきに関した、あくまでも推理上の心理的な解明はできても、こもごもの気持ちはすっきり整理されたわけではない。だが、四十二年間のピーターとの結婚生活に、「私」を全額投資したことに関しては何の悔いもない。姑が、手こずった息子を「立派になって帰ってきたのね」と、幸せそうに迎えてくれたと信じているからである。

そして、私の父も笑みを浮かべて、きっとこんなふうに言っているだろう。

「久子、至らないお前にしては良くやった。ピーターさんには、サムライのように潔く逝ってくれたことに感謝するが、よかろう」

もし、ピーターにあの世で会うことがあったら、どうしても聞きたいことが一つある。

「あなたにとって、私との四十二年間はどんな意味があったのかしら?」

第八章

老いと向き合う

それぞれの老いの道

拙宅の前にカトリック教会があり、そこに「レインボークラブ」というシニア女性のためのクラブがあり、私もその会員である。日系人は私一人で、後はアイリッシュ系、イタリア系、ドイツ系、ヒスパニック系などの人種が入り混じっている。会員の最高齢者はアイリッシュ系の九十六歳で、体力は落ちているものの、頭はしっかりした女性である。彼女の名前はペギー。最近、週一回の集会を休むようになった。珍しく見えた日に、私に向かって言った。

「ヒサコ、年をとってはいけません。息をするのも重労働になるのよ」

私は二〇一四年五月、八十歳の誕生日を迎えた。京都の病院を退院する時、私は神様に「健常者として生きた二十五年にマッチして、障害者としての二十五年間を、必ず生き抜いて見せます」と誓った。その約束の年が終わってから、早、三十年も余分に生き延びたことになる。そして、ペギーの言葉に共感を覚える場が増えてきた。

優雅に年を重ねることなんて、絶対にできるものではない。顔には年齢並みの皺《しわ》が出て、シミも遠慮会釈なしに浮いてくる。何よりもいまいましいのは体力の低下である。千歩を一気に歩き通すことができなくなった。なだらかな坂道の二百歩が苦行になった。右耳の聴力がわずかだが落ちた。視力も遠視、近視、乱視、その上に白内障の兆しもある。白髪が、結いあげた髪の元結いの辺りから、放射状に広がってきている。背が二センチ縮んだ。睡眠が浅くなった。まだある……、読書のスピードが鈍くなった。書類上の手続きなどが鬱陶《うっとう》しく感じられるようになった。自分のための料理を端折《はしょ》る傾向が出てきた。挙げ始めるときりがないほど心身上の変化が起きている。

良い変化も少なからずある。忍耐強くなった。諦めが早くなった。人間関係の「断捨離」決断に、あまり迷わなくなった。自分の能力の限界が見えるようになると同時に、他人の欠点に寛容になった。いつの間にか、夕べに感謝し、朝の目覚めに一日のお見守りを祈る謙虚さが身についた。品物と自分の寿命を考えて買い控えをするようになった。

一体、他のシニアたちはどんな変化を体験しているのだろう？　そんな関心が近所のシニアセンターや老人ホームに足を運ぶ動機になった。

ニューヨーク市の「老人課」二〇一〇年発表によれば、同市には三百ヵ所ほどの「シニアセンター」がある。「老人ホーム」については、同課の二〇一一年度調査で二〇一一軒と発表されており、これはアメリカ全土中、第六位の数となる。ちなみに、ニューヨーク市の「老人ホーム」入居費の平均額は、一日三百七十六ドル（一ドル百円として、三万七千百六十円）、年平均額は日本円にして約千三百七十万円以上（アメリカ合衆国保健省の調査）である。勿論、この平均を下回ったり、上回ったりする施設があることは言うまでもない。

拙宅から歩いて十五分くらいの場所にあるホームは、自力で生活できる入居者は、キッチン、リビング、バスルーム付き寝室のアパートに、収入に応じた支払いをして、三食付き、一週間一回の掃除、ベッドシーツの取り換えなどの恩恵が受けられる。ここは、カトリックのシスターたちが経営にかかわっているが、もともと貧しい人々のためのシスター修道会なので、入居者はある一定以下の収入がある老人に限られている。

拙宅から二キロメートル以内には、少なくとも五、六軒のホームがあり、それぞれ、入居条件が違うと共に、サービス内容も違う。ドアを開けたとたんに、特有の不快な匂いが鼻を襲う特養ホームや、職員たちの態度が機械的で、危険な空気を感じさせられる場所もある。なので、私が日常的に訪れる近所のシニアセンターは二ヵ所、ホームも二ヵ所だけに絞っている。そこで出会うご老人達は、出自文化や人種独特のエレメントを抱えながら共同体をなしているわけで、私は、その中で適応できる場所かどうか、意識を働かせているのである。

それぞれの施設が様々なプログラムを提供しているが、その殆どがレクリエーション・タイプである。時々、票田を狙う政治家たちがディナー・シアターを借り切って、シニアたちをミュージカル観劇に招いてくれることもある。参加費を払ってバス仕立てでカジノ賭博場に行ったり、シニアに必要な法律の情報伝達会もあったりする。一番人気があるのはビンゴゲームのようで、シニアセンターのランチルームはその日、九十人くらいが食べに来ている。ランチといえば、拙宅から車で五分の場所にあるセンターのランチは一ドル五十セント（一ドル百円として百五十円）で、まともなランチが提供されている。二年前まではたった一ドルだった。私は拙宅から一番近いセンターに、月一、二回ランチに行っているが、ランチよりも同席の老人達のお喋りを聞くことが、目的なのである。二ヵ所それぞれの雰囲気が違うのは、人種構成によるところが大きい。片方にはヒスパニック系が多くて、うるさいほど喋るし、別のセンターは、アイリッシュ系、イタリア系の白人が多いせいか、声高な話し声はあまり聞こえない。

男女の比は日本と同じように、大多数が女性であり、中には子どもを九人も産んで、八十五歳というのに矍鑠《かくしゃく》とした女性もいて、つくづく女の生命力の強さに感動させられる。冒頭の九十六歳のペギーなどは十一人もの出産経験者である。彼女たちが異口同音に言った言葉がある。

「一人の母親が十人の子どもを育てることができても、十人の子どもは一人の母親を看ることができない」

子どものいない私を慰める言葉だったのかと思っていたが、これはアメリカでは周知の諺のようなものだと、後で知った。

ペギーは幼児期、アイルランドから移民として両親に伴われて渡米し、マサチューセッツ州からニューヨークに移動したという。高校を卒業してから電話局の交換手として働き始め、結婚後もその仕事を続けながら、十指に余る子どもを産み育てたという。更に、料理、洗濯、掃除などの家事をこなしながら、子どもの衣類を縫ったり編んだりしたというから、並大抵の人生ではなかったようだ。瞠目《どうもく》した私に「子どもが沢山いると、上から順に下の子どもたちの面倒をみてくれるようになるから、便利なのよ」と、彼女は言ってのけた。今、生存している子どもは十一人のうち七人だけ。そのうちの息子一人が、よくペギーを訪ねて来て、必要な手助けをしてくれるのだという。

「ヒサコ、人生はなるようにしかならないのよ。ひょっとすると、神様だって知らないかもよ。だから私は時々、『神様こっち向いてください』と祈るの」と、いたずらっぽい表情で、私の肩を叩く。

フランはイタリア系の移民二世で、現在九十四歳。八十歳後半で夫が亡くなった。その五年後に一人息子が亡くなり、一人になってしまった。だが、憔悴《しょうすい》から立ち直り、独り暮らしの中、今は近所の老人ホームのギフトショップでボランティアをしている。フランと私は同じ女医をホームドクターにしていることもあり、フランの健康状態が思わしくない時は、私はできるだけパスタやスープを届けに行く。その折々に、彼女が語る九十年間の人生にも山あり谷ありのドラマがある。彼女が身に付けているアクセサリーの中に、日本の仏壇のような形をしたペンダントがある。不思議なデザインなので、みつめていたら、「あ、これには両親の遺灰が入っているの。辛い時、苦しい時、そしてハッピーな時、これを首にかけていると、支えてくれているような気持ちになれるのよ」

私は葬式に行かないことで、両親はまだ生きていると仮想することを選んだが、フランは両親の遺灰を身につけることで生きる手ごたえを得ている。日本的イマジネーションと西洋的な直接的方法の違いをここにみる。ペンダントを触らせてもらい、ふたを開けて中の遺灰も見せてもらった。ピーターの遺灰の色と同じだった。聞けば、このペンダントはカタログで購入できるというから、そうやって愛する人の遺灰を装飾品のようにするアメリカ人は少なくないのであろう。ふと、聖母マリアの祈りの言葉が胸に浮かんだ。

「アベマリア、恵みに満ちた方、――私たち罪人のために、今も死を迎える時も、お祈りください」

エディはイタリア系の男性で、どうやら七十歳代らしい。かつて職を転々としたあげく、一時期ホームレスだったこともあったという。今は、JASSI（Jewish Association of Social Service. Inc）経営の老人ホーム団地の住人で、ひどく口が悪いが、周囲のシニアたちはさらりと受け流したり、やり返したりして会話を楽しんでいるようだ。糖尿病をかかえているので、あてがわれたランチのデザートを、いつも私に回してくれる。初めて私がエディの隣席に座って自己紹介を交わした時、「おー、グッド。やっと英語で話す相手ができた！」と大声で言った。団地の大半の住人がヒスパニックだからなのだろう。幸い、テーブルには私たち二人だけだったが、隣のテーブルのヒスパニック女性に聞こえてはいないかと気をもむ私にエディが言った。「大丈夫、彼女は耳が遠いから、フフフ」ちなみに、エディは高等教育を受けたことをしのばせる英語を話す。

ランチ前後に、エディは彼自身について私に語るようになった。二人の娘がいて、二人とも既婚。ニューヨーク市内に住んでいるが、滅多に会うことがない。「ま、しょうがないさ。あまりいい父親じゃなかったからね」と言いながら、同じ団地の女性がそばを通ると「ヘーイ、そこの美人さん、なんで俺に挨拶しないのさ。この美人さんに（と私を指さして）焼きもち焼いているの？　へへへ」と、実に忙しい男性である。

その一方で、私に、いろいろな情報をくれる。「JASSI老人団地に入居してはだめだよ。水漏れ、暖房システム故障、エレベーター故障など問題が多すぎるから。毎週金曜日のランチが終わった頃、どこかのスーパーマーケットが賞味期限切れ近い食品を無料で配ることがあるから、二時くらいまでいたらいいよ」等々。ある日、彼がバス停で立っているのをみかけたので、私の車でドラッグストアに連れて行き、団地に送っていったことがある。そのことに対して、エディは律儀にもセンターのランチ代（一ドル）を私のために払ってくれた。

この三人にはそれぞれの違った過去があるが、人間的な一つの共通点がある。それは、三人とも、折々に神妙な顔で口にする言葉である。「Thank God! I,m still here（ありがたいことに、私はまだ生きている）」つまり、「生きる」ことを諦めていないことである。「息をすることさえも、重労働」と言うペギーでも、「私は多分百歳までいけそうよ」と、茶色の目をくるくるさせている。三人とも「神様にお預けしている命だから」と、安堵している様子も見える。

私の母の故郷は浄土真宗の檀家が多かった。そのせいか、誰かが「こげん苦労するなら死んだ方がよか」と言うと、信仰の厚い老人達は必ず「寿命は如来さんが迎えに来てくれるまでは、どうにもならんけん、その日まで頑張らんばいかんとよ」という声が入ったものだ。学歴や教養はなくともそれなりの「死生観」を持っていたと思う。彼らにとって「寿命」とは「業《ごう》」であり、「業」とは生きることに負わされた「荷物」なので、如来様がお迎えに来るまで下ろせないという達観を、いわば「安堵」としていたのだろう。

スピリチュアル・ジャーニー

私は大学二年生の時、一冊の文庫本に出会ったことがある。題名を『——橋』としか覚えていない。カタカナの固有名詞だったのだが、この吊り橋の名前をどうしても思い出せない。南アメリカのどこかの国の山奥で、吊り橋が落ちて、渡ろうとしていた十一人（?）が全員死亡した事件にまつわる内容であったことは、今も私の記憶に残っている。何故かというと、その内容から、私は「死生観」というものについて深く思考を巡らすようになったからである。

かいつまんでポイントだけを紹介してみよう。

「遭難死したこの十一人は、それまで面識もなく年齢もまちまちで、ただその場に居合わせただけだった。遺体を祀《まつ》った神父は、何故この人たちが、同時に同じ場所で非業の死を遂げることになったのかという疑問を抱く。そして、遺品をそれぞれの家族に届ける旅に出て、この十一人の不運な人々に共通していたある事情を発見する。それは、年齢の差、職業の違い、性別などとは関係なく、みんながこの世で果たすべきことを全て果たし終えていた」

私が受けた衝撃は大きかった。当時、寿命を医学的枠組みで考えることしか知らなかったから。私も果たすべきこと（私はそれが何か分からないまま今日までできている）を果たし終えた時「死」を迎えるのだろう。できれば、それはもう百年、二百年先であって欲しい。だって私に負わされるものが何であれ、私はよたよたと、不器用にしかその「果たすべきこと」を遂行できないだろうから、時間が要るのです。半ば悲鳴のような声が自分の中に響いているのに、何故か、そのことを他人に知られることを恥ずかしく思い、恐れてもいた。

そして卒業を迎え、就職し、事故で左下腿を失った。「生きる」ことには不条理、理不尽なことが満ちている。その理不尽さを体に刻み込まれて、私はそれでも生きることを選んだ。この「理不尽さ」に知と情の端から端まで揺さぶられながら、揺さぶる「ざるの目」が振り分けてくれた様々な事象を、少しずつ拾い上げては吟味しつつ歩いているうちに、自分なりに「生きてきた」道が背後に作られてきた。

その昔、日本の婦人雑誌に『主婦の友』（主婦の友社）『婦人倶楽部』（講談社）という代表的な月刊誌があった。多くの読者は本体よりも附録が欲しくて購入していたようだ。私の最初の五十年は雑誌で言えば「本体」であり、その後の三十余年は「附録」である。何故なら、この付録の年月は、私が「生きて見せる」と見栄を切った外に生じた時間だから。でも、この「附録」の方が「本体」よりも、私にとっては「醸造」時間としての重みがあり、味わい深いものがある。ただ、最近の数年間は文字通り「老い」の重荷を痛感することが多くて、本当に口惜しい。

『平家物語』の「大原御幸」には、後白河法皇が大原の里へ建礼門院徳子を訪ねた折、留守居の尼がかつて法皇の思い者であったことを思い出すという物語があるが、年老いてから「あなたは誰？」と問われる身のいかばかりやと共感しながら、そうならないように身だしなみに気をつけて、髪や肌の手入れも怠らないようにと突っ張っている私がいる。光っている物があるとカラスのように目を引かれては、こんな装飾品はもう要らないと正気に戻る私もいる。内側からよりも外側から自分を見つめる傾向が強くなったせいか、過去に許せなかった自分自身との和解が、ゆるやかながらも進んでいることを実感するようになった。

と言うより「許されている自分」「生かされている自分」がいることを、知らされる機会が多くなったと言うべきか。

世界的に著名なエリザベス・キューブラーロス（『死ぬ瞬間』の著者。ヒーリング・センターの設立者）は、彼女自身が癌で死を免れないことを知った時、大いにうろたえ苦しみながら、二〇〇四年八月五日、自身の死を迎えたと伝えられている。画期的なリサーチを通して「神の存在」を信じるに至り、「死の受容」を説いたキューブラーロスは、自身の死に向き合う淵でバランスを崩したようだ。自らが説いた「死の受容」がいかに難しかったかを、学者として言葉にしておきたい気持ちを残して、未来永劫の旅についたのではないだろうか？　従容《しょうよう》として死を迎える姿は荘厳であり、敬意に値する。だが、説いたことと相反する姿を曝《さら》したキューブラーロスには、人間的な親しみを覚えないではいられない。更に言えば（「死の受容」は「知識」だけでは支えきれないのではないか。「死の受容」には「知（知識）」と、「情（信仰）」との統合が必要なのではないだろうか）愚考する日々が続いている。

所詮、大半の人間は矛盾の塊なのだ。だからこそ、日々の祈りの中で許しを乞い、感謝の念を捧げることで、内なる矛盾や相克を和らげていくのであろう。

日本人で身体障害者というダブル・アイデンティティをもとに、私は日本で過ごした年数を遥かに越える長い年月を、アメリカの異文化環境で生き延びてきた。もし、私に「日本人」としてのアイデンティティがしっかり備わっていなかったら、アメリカの異文化をもう一つの快適なアイデンティティとして、身にまとうことはできなかったかも知れない。そういう意味で、日本は私を産んで豊かな情操を育ててくれた「母なる国」であり、アメリカはその私を「キャリア・ウーマン」として鍛錬し、重用してくれた「父の国」である。


私はこれからも心身の健康を維持するために、世界保健機構（ＷＨＯ）の「健康の定義」に基づいて、「霊性」と「他者とのダイナミカルな関わり」に目を据えていこう。「霊性」は天の摂理を信じることで、「他者とのダイナミカルな関わり」は、発達障害児とその家族を支える小さな支え役を続けることで実感したい。つまり、「誰かのために存在する私」であり続けたいと思う。そして、なおも続く「附録」の歳月をどう創っていくのか、天に問い、我に問いながら、醜態を晒しつつも、歩を進めることを恐れないで生きたいと思う。

障害を負ってから初めて知った、一つの深い祈りを支えに。
「神よ、変えられぬことを受け入れる静謐《せいひつ》を与えたまえ。
変えられることを変える勇気を与えたまえ。
そして、その二つの違いを知る叡智を与えたまえ」

（ニーバーの祈り）

あとがき

夫が亡くなって四年目に入った二〇一四年の春頃、私は危うく「老人性うつ」の穴に落ちそうになった。何もかも鬱陶《うっとう》しくて、食べること、身につけるものがどうでもよくなった。それは、別に人に知られるほどひどくなくて、危惧を生むほどのことではなかったが、ある日、三度の飯より好きな読書に興味をうしないそうになっていることに気づいて、愕然とした。どうすれば、この状態から抜けられるのか、胸を焼くような焦りでじりじりして、用もないのに二階に上がったり、地階に降りたり、庭に出て草をむしったり、棚の上の物を出し入れしたり、無為な日々を過ごしていた。

その年の夏、ニューヨーク育英学園創立三十五周年記念祝賀会で、三〇分の祝辞を頼まれて、迎えの車で学園に向かった。その車に来賓として同乗されたのが岩本蘭子氏だった。初めてお会いした方だったが、岩本さんはご自分の紹介を兼ねて、略歴やこれまで立ち上げてきたビジネスについて滔々《とうとう》と語ってくださった。私より四歳年上のこの方のお話は、前向きのすさまじい情熱とエネルギーに満ちていた。圧倒されるまま、私は傾聴するだけだった。こんな方がニューヨークにいらっしゃることに、強い感動さえ覚えた。

その祝賀会で「国際感覚とは何か？」というテーマでの祝辞を終えたとたん、皆さんが立ち上がって拍手をしてくださった。思いがけない反応だったが、異文化環境でそれぞれの道を歩いている方たちから共感を示されたことは、久しぶりに私の気分を昂揚させてくれた。更に数人の方たちから、このテーマを含むアメリカ生活について、私なりの視点から書いてみてはどうかと勧められた。岩本さんの情熱が私に飛び火していたこともあり、ひょっとすると、書くことで私は精神的な危険水域から逃れることができるかもしれない。そんな希望的観測が、本書を書くきっかけになった。

辛かったこと、苦しかったこと、思い出したくなかったことなどに、どうしても言及しなければならなくなった時、フラッシュバックに悩まされて、時には数週間もワープロに向かうことができなかった。忘れていたはずの忌まわしい記憶は時と共に消えてはおらず、ただ水底の泥濘《ぬかるみ》のように息を潜めていただけと知った。だが、それを掻き立ててみれば、その下には泥濘にくるまれて静かに眠っていた「啓示」があった。そのことに気づいた時、私は「自分史」を書くことに、自分自身のためばかりでなく、共感を分かち合うことのできる読者たちとの出会いに恵まれるかもしれない、という期待が生まれた。期待や希望は生きるための大きなエネルギーになる。その気持ちに押されるようにして、拙稿を完成することができた上に、書くことで一種のカタルシス効果もあったようで、ありがたいことに、私は、今、本来の自分を取り戻している。

国連が二〇〇六年に批准した「障害者権利条約」を、日本はやっと二〇一四年に批准した。二〇一一年三月の東日本大震災では、一万八千五百二十人の死亡者と行方不明者が出た。その中、障害者の死亡率は住民全体に対する死亡率の二倍にも達していると報道されている。私にとって、このことは他人ごととは思えない。日米共に、人は年をとれば多かれ少なかれ障害者になる。自立と支援の間をさまよう障害を持つ老若男女が、いかに多いことか！

そうした人々の間にも、一括《ひとくく》りにできない様々な人生がある。その分かれ目が何なのか、誰にも分からない。だが、健常者も障害者も「誰かのための存在」であるということだけは信じるに値するのではないだろうか。私がそう考えることができる心境にまで漕ぎつけるプロセスには、多くの方々の手引きや支えがあった。そのすべてが、ただ一心に生きる道を私に辿《たど》らせてくれたことに、言葉に尽くせない感謝の念をいだかずにはいられない。

本書は拙稿の筆起こし時点から、熱意のこもったアドバイスを下さった「エスコアール」出版社の鈴木敏子氏をはじめ、他の方々の強い関心や御励ましによって、出版のはこびとなりました。写真掲載については、成徳大学の那須野三津子先生の御尽力を頂きました。ここに謹んで皆様に感謝申しあげます。この拙著を、両親、夫ピーター、そして私の生きる道で深く関わったすべての方たちと、今「生きる」ことの意味を探っている方たちに捧げます。

露ほどの命なれども遥かなる道一筋の重きいとなみ

二〇一五年二月好日　　ニューヨークにて

著者略歴

久子・テレーズ・カニングハム

一九三四年　長崎県生まれ
一九五八年　同志社女子大学英文学科卒業
一九六七年　渡米留学
一九六九年　ニューヨーク市立ハンター大学にて修士号（特殊教育）取得
一九七二年〜一九九六年までニューヨーク医科大学教官を経て、ニューヨーク州ウエストチェスター郡立医療センター・Westchester Institute for Human Development（人間発達研究所）視聴覚臨床教育プログラム主任
一九八二年〜二〇〇三年「SPEAC—ニューヨーク臨床教育父母の会」主宰
二〇〇三年〜二〇〇五年　第一福祉大学（太宰府市）教授
現在　日・米教育関連機関の教育コンサルタント。コミュニケーション・セラピスト　長崎純心大学客員教授
日々輝学園高等学校（埼玉県）スーパーバイザー　アットマーク国際高等学校顧問
著書　『そして挑戦の日々』日本放送出版協会（一九八四年）
『人間の尊厳—アメリカでいま』（一九八五年・育つ・No.40）

『海外子女教育事情』新潮選書（一九八八年）
『変貌する家族』第六巻「異文化のなかの家族」岩波書店（一九九二年）
『ニューヨーク障害児教育事情』（『そして挑戦の日々』改訂版）学習研究社（一九九五年）
『対話できない教師・叱れない親　アメリカの失敗に学べ』学習研究社（二〇〇一年）
その他数々の小論

翻訳　『我・自閉症に生まれて』テンプル・グランディン著　学習研究社（一九九四年）
『自閉症の才能開発』テンプル・グランディン著　学習研究社（一九九七年）
『いじめ・逆境に強い子を育てる10の心得』ロバート・ブルックス著　学習研究社（二〇〇二年）

共訳　『早期乳幼児気質質問』マクドフ&クーパー著　学習研究社（一九九七年）

学会関連発表　「重複聾児の多感覚的コミュニケーション・セラピー」（聾教育国際会議　一九七四年）
「思春期ＬＤ児童・生徒の問題と指導」（日本ＬＤ学会　一九九七年）
「発達リスク乳幼児のケア」（日本乳幼児教育研究会　一九九八年）以上は日本で発表した数例

受賞暦　一九七四年　全米精神遅滞研究協会第十地域・最優秀臨床教育賞
一九九〇年　日本顕彰会より国際的貢献の分野で受賞
一九九二年　United to Serve America よりアメリカ社会への貢献を認められてダイアモンド賞受賞
一九九二年　仕事を通して日米教育交流の促進に尽力したことを認められて外務大臣賞受賞

毎年秋に全国各地で講演会が開かれている。2015年秋：1ヵ月間に15箇所で講演・研修会を予定。

カバー・デザイン：中村有希、本文レイアウト：北見恵里子、DTP：根本　満

異国に生きる　カニングハム・久子　愛と魂の軌跡

2015年　10月　1日　初版第1刷　発行

著　者　久子・テレーズ・カニングハム
発行者　鈴木弘二
発行所　株式会社エスコアール　　千葉県木更津市畑沢 2-36-3
電　話　販売　0438-30-3090　FAX　0438-30-3091　編集　0438-30-3092
URL　http://escor.co.jp
印刷所　株式会社平河工業社

ISBN978-4-900851-78-8